漢字の復習 1回 漢字の広場

新しく使う、六年の教科書で復習する漢字です。

1 漢字の読みがなを書きましょう。

16点（一つ2）

① 新婦（　）を祝う。
② 酸味（　）の強い果物。
③ 両手で支（　）える。
④ 略図（　）で確かめる。
⑤ 失敗の原因（　）がわかる。
⑥ 防災（　）について学ぶ。
⑦ さそいを断（　）る。
⑧ 事故を検証（　）する。

2 あてはまる漢字を書きましょう。

32点（一つ4）

① 水質を□□（ちょうさ）する。
② 出口が□□（こんざつ）する。
③ □□（じょうけん）を聞く。
④ 分量を〔　　〕（へらす）。
⑤ 希望に〔　　〕（もえる）。
⑥ □□□（にがおえ）
⑦ 目に〔　　〕（あまる）。
⑧ □□（きそく）を守る。

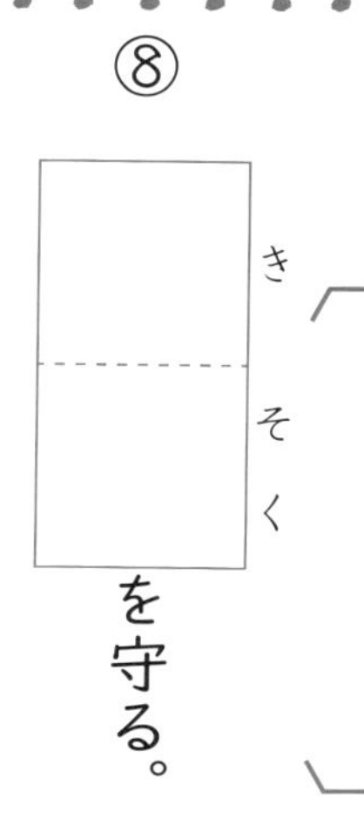

うらのページに続くよ！

3 漢字の読みがなを書きましょう。 20点(一つ2)

① 立ち入り **禁止**(　　)の橋。
② 客船が **寄港**(　　)する。
③ 団地に **入居**(　　)する。
④ 先生の **許可**(　　)をもらう。
⑤ **河口**(　　)を通過する。
⑥ **大勢**(　　)の観客。
⑦ **険**(　　)しい山を登る。
⑧ チームが **逆転**(　　)勝利する。
⑨ **鉱物**(　　)を集める。
⑩ **可能性**(　　)が高い。

4 あてはまる漢字を書きましょう。 32点(一つ4)

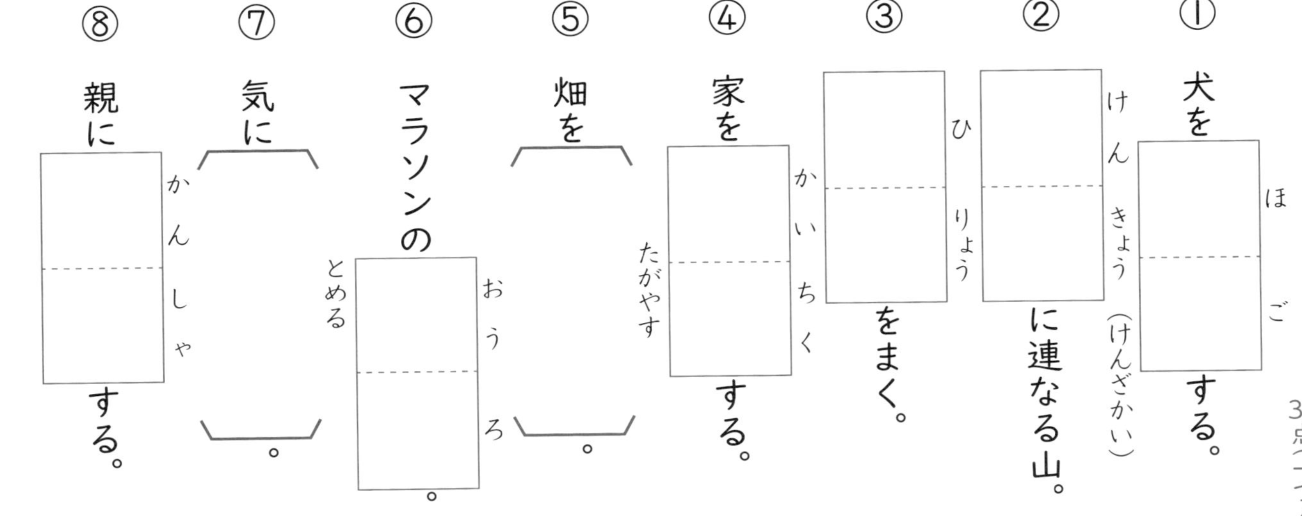

① 犬を［ほご］する。
② ［けんきょう］に連なる山。(けんざかい)
③ ［ひりょう］をまく。
④ 家を［かいちく］する。
⑤ 畑を〔たがやす〕。
⑥ マラソンの［おうろ］。
⑦ 気に〔とめる〕。
⑧ 親に［かんしゃ］する。

きほんのドリル 2

あの坂をのぼれば (1)

時間15分　合格80点　／100

サクッとこたえあわせ　答え 99ページ

月　日

書いて覚えよう！

背（教14ページ）「比」にしない	ハイ／せ・せい	9画	背背背背背背背背背	背景（はいけい）　背後（はいご）　背筋（せすじ・はいきん）　背比べ（せいくらべ）　部首：にく
筋（教14ページ）出る	キン／すじ	12画	筋筋筋筋筋筋筋筋筋筋筋筋	筋肉（きんにく）　鉄筋（てっきん）　背筋（せすじ・はいきん）　筋道（すじみち）　部首：たけかんむり
幼（教14ページ）はねる	ヨウ／おさない	5画	幼幼幼幼幼	幼虫（ようちゅう）　幼少（ようしょう）　幼い妹（おさないいもうと）　部首：いとがしら・よう
裏（教14ページ）長く	うら	13画	裏裏裏裏裏裏裏裏裏裏裏裏裏	裏山（うらやま）　裏側（うらがわ）　葉書の裏（はがきのうら）　部首：ころも
奮（教15ページ）すこし横長に	フン／ふるう	16画	奮奮奮奮奮奮奮奮奮奮奮奮奮奮奮奮	興奮（こうふん）　奮起（ふんき）　奮い起こす（ふるいおこす）　部首：だい

1 読みがなを書きましょう。

28点（一つ4）

① 絵の 背景（　　） をえがく。

② 背筋（　　） がぞっとする。

③ 筋肉（　　） をつける。

④ カブトムシの 幼虫（　　）。

⑤ 幼（　　） い妹の世話をする。

⑥ 裏山（　　） のふもと。

⑦ 勇気を 奮（　　） い起こす。

← 裏のページに続くよ！

2 あてはまる漢字を書きましょう。

72点（一つ9）

① 両手を上げて［せすじ］をのばす。

② ［はいご］からそっと近づく。

③ 妹と［せいくら］べをする。

④ ［てっきん］コンクリートのマンション。

⑤ ［おさな］い弟のいたずらにこまり果てる。

⑥ もちの［うらがわ］もよく焼く。

⑦ 手ごわい相手を前に［ふる］い立つ。

⑧ ［こうふん］のあまり走り出した。

2 ⑤「おさない」の「幺」を「糸」と書かないように注意しましょう。

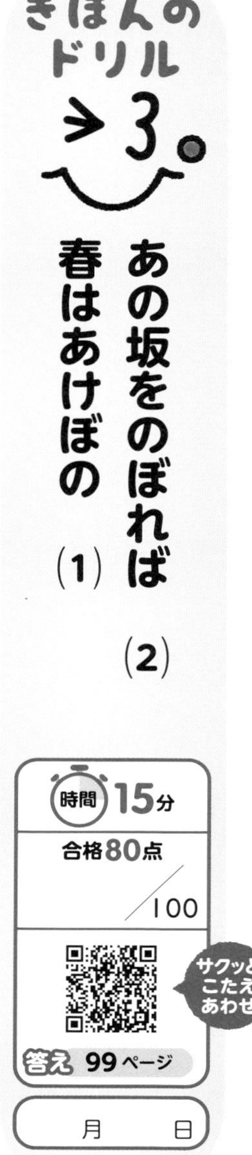

きほんのドリル 3

あの坂をのぼれば (2)
春はあけぼの (1)

時間 15分　合格80点　/100

答え 99ページ　サクッとこたえあわせ

月　日

書いて覚えよう！

磁　（教 15ページ）
- 音：ジ
- 画数：14画
- 部首：石（いしへん）
- 筆順ポイント：つける
- 磁石（じしゃく）　磁力（じりょく）　磁気（じき）

降　（教 26ページ）
- 音：コウ
- 訓：おりる・おろす・ふる
- 画数：10画
- 部首：阝（こざとへん）
- 筆順ポイント：とめる
- 乗降客（じょうこうきゃく）　雪（ゆき）が降（ふ）る　車（くるま）を降（お）りる

暮　（教 27ページ）
- 訓：くれる・くらす
- 画数：14画
- 部首：日（ひ）
- 筆順ポイント：つける・長く
- 夕暮（ゆうぐ）れ　家族（かぞく）と暮（く）らす

灰　（教 28ページ）
- 訓：はい
- 画数：6画
- 部首：火（ひ）
- 筆順ポイント：はなす
- 灰（はい）になる　灰皿（はいざら）　火山灰（かざんばい）

暖　（教 28ページ）
- 音：ダン
- 訓：あたたか・あたたかい・あたたまる・あたためる
- 画数：13画
- 部首：日（ひへん）
- 筆順ポイント：長く
- 寒暖計（かんだんけい）　温暖化（おんだんか）　暖（あたた）かい春（はる）

1 読みがなを書きましょう。　28点（一つ4）

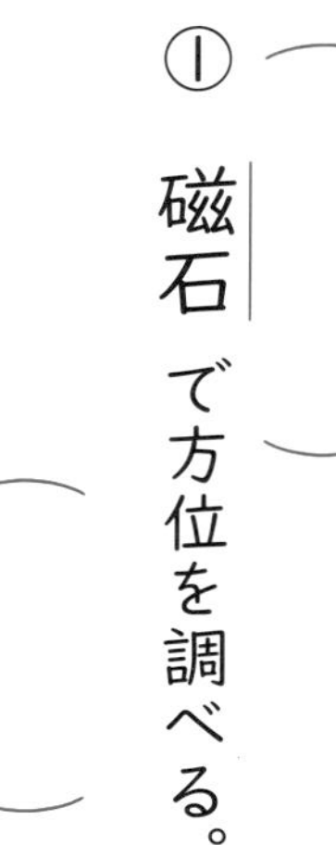

①（　　）磁石で方位を調べる。

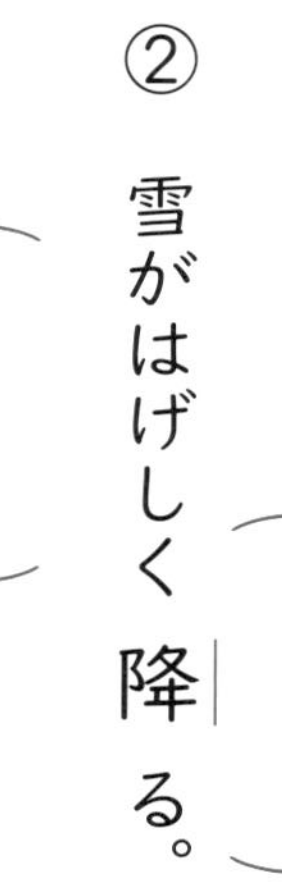

② 雪がはげしく（　　）降る。

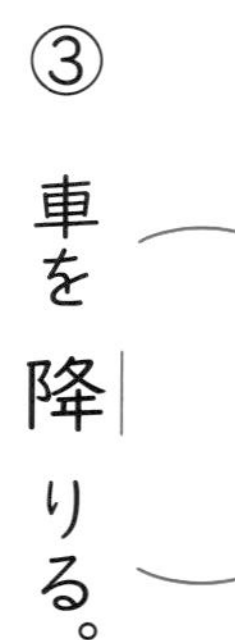

③ 車を（　　）降りる。

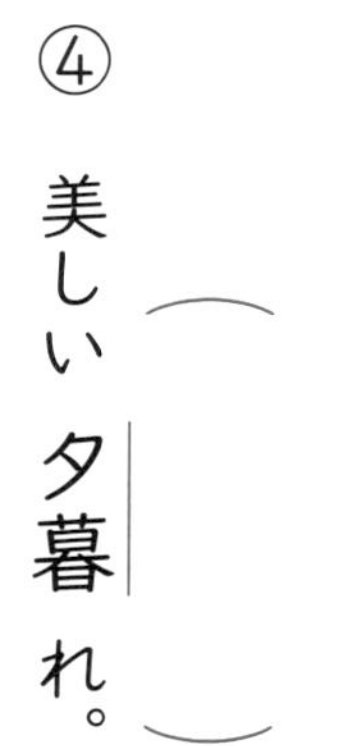

④ 美しい（　　）夕暮れ。

⑤ 燃えて（　　）灰になる。

⑥（　　）寒暖計で温度を測る。

⑦（　　）暖かい春の日。

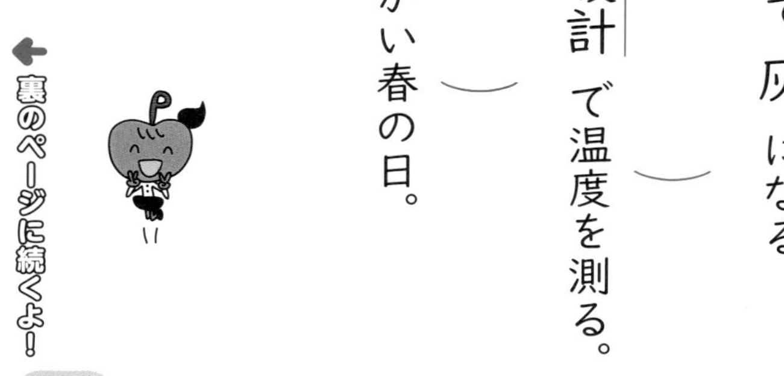

← 裏のページに続くよ！

教科書 上 13～29ページ

2 あてはまる漢字を書きましょう。

72点（一つ9）

① 機械からわずかな［じりょく］が出ている。

② 明日は雨が［ふ］るそうだ。

③ 休日は、駅が［じょうこうきゃく］で混雑する。

④ 体育館の前で車を［お］りる。

⑤ 日が［く］れそうになり、足早に家路につく。

⑥ たき火のあとの［はい］に水をかける。

⑦ ［あたた］かい部屋で過ごす。

⑧ 地球［おんだんか］のためか、とても暑い日が多い。

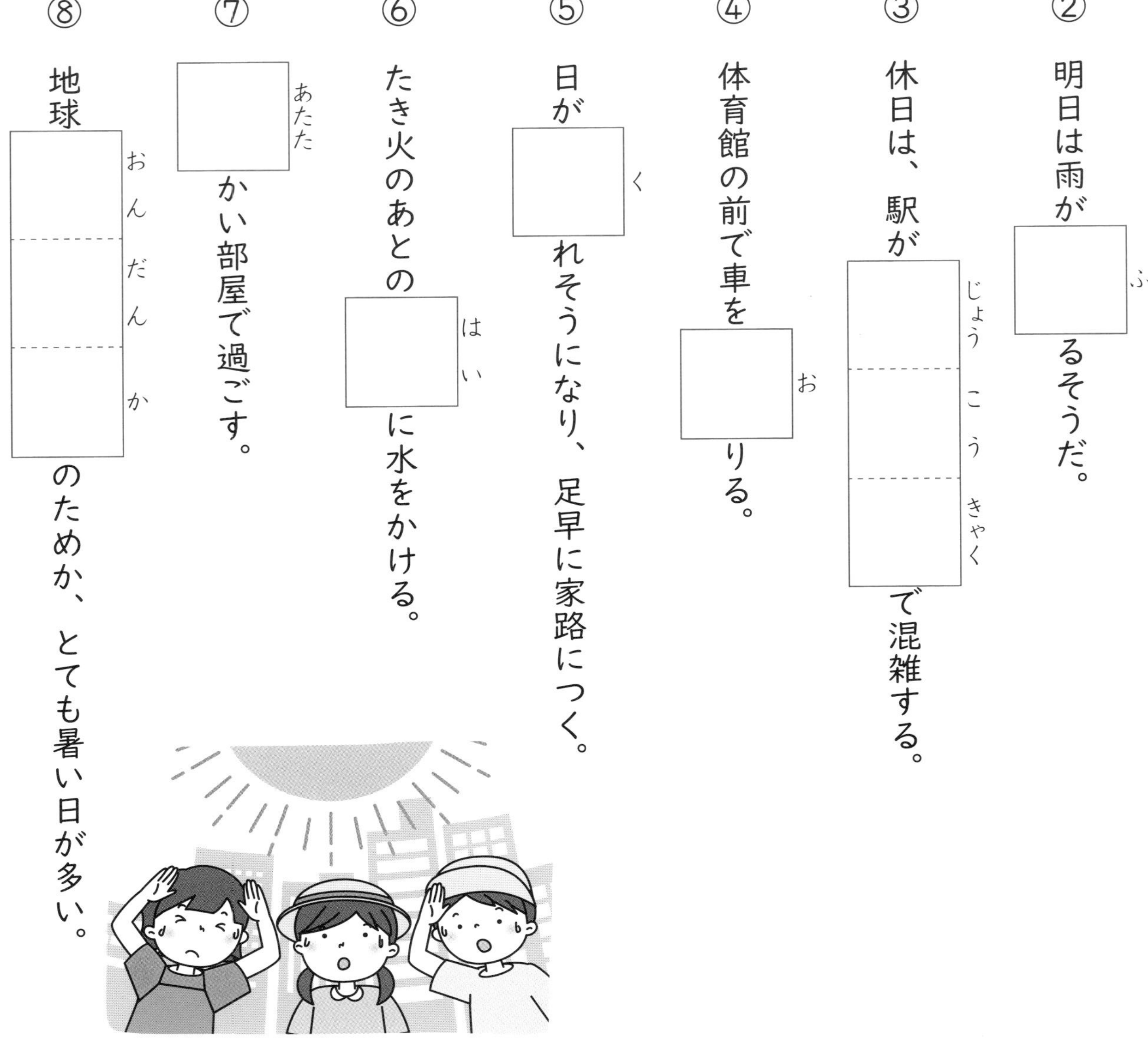

ヒント ❷ ⑥「はい」の1～2画目の筆順に注意しましょう。

きほんのドリル 4。

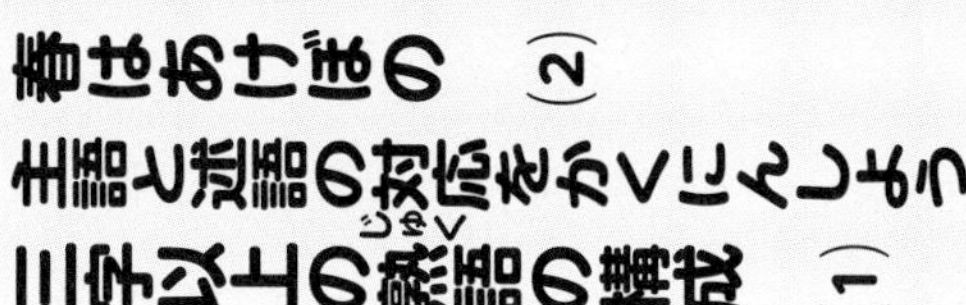

春はあけぼの (2)
主語と述語の対応をかくにんしよう
三字以上の熟語（じゅくご）の構成 (1)

時間 15分　合格80点　/100

サクッとこたえあわせ　答え 99ページ

月　日

書いて覚えよう！

教 29ページ
私 シ　わたくし　わたし（とめる）
7画
私鉄（してつ）　私（わたし）の本（ほん）　私（わたくし）ごと
私（のぎへん）

教 30ページ
将 ショウ（はねる）
10画
将来（しょうらい）　主将（しゅしょう）　将兵（しょうへい）　将軍（しょうぐん）
将（すん）

教 32ページ
熟 ジュク（上にはねる）
15画
熟語（じゅくご）　未熟（みじゅく）　熟読（じゅくどく）　熟（じゅく）す
熟（れんが・れっか）

教 32ページ
並 なみ・ならべる　ならぶ　ならびに（長く）
8画
並木道（なみきみち）　並（なら）べ方（かた）　順序（じゅんじょ）よく並（なら）ぶ
並（いち）

教 32ページ
諸 ショ（長く）
15画
諸問題（しょもんだい）　諸国（しょこく）　諸君（しょくん）　諸説（しょせつ）
諸（ごんべん）

1 読みがなを書きましょう。
28点（一つ4）

① 私鉄（　　）で通学する。
② 私（　　）の本。
③ 将来（　　）の夢を語る。
④ 熟語（　　）の構成。
⑤ 並木道（　　）を散歩する。
⑥ 順序よく並（　　）ぶ。
⑦ 諸問題（　　）を解決する。

教科書 上 24～33ページ

裏のページに続くよ！

2 あてはまる漢字を書きましょう。

72点（一つ9）

① □（わたし）の作品が書道展で入賞した。

② 兄は、野球部の□□（しゅしょう）を務めている。

③ ぼくなどまだまだ□□（みじゅく）です。

④ 会議の資料を□□（じゅくどく）する。

⑤ 正しく□（なら）ぶようにトランプを置く。

⑥ 世界大会に出場するかれは、□（なみ）の選手ではない。

⑦ 総理大臣が□□（しょこく）をおとずれる。

⑧ この地名の由来は□□（しょせつ）ある。

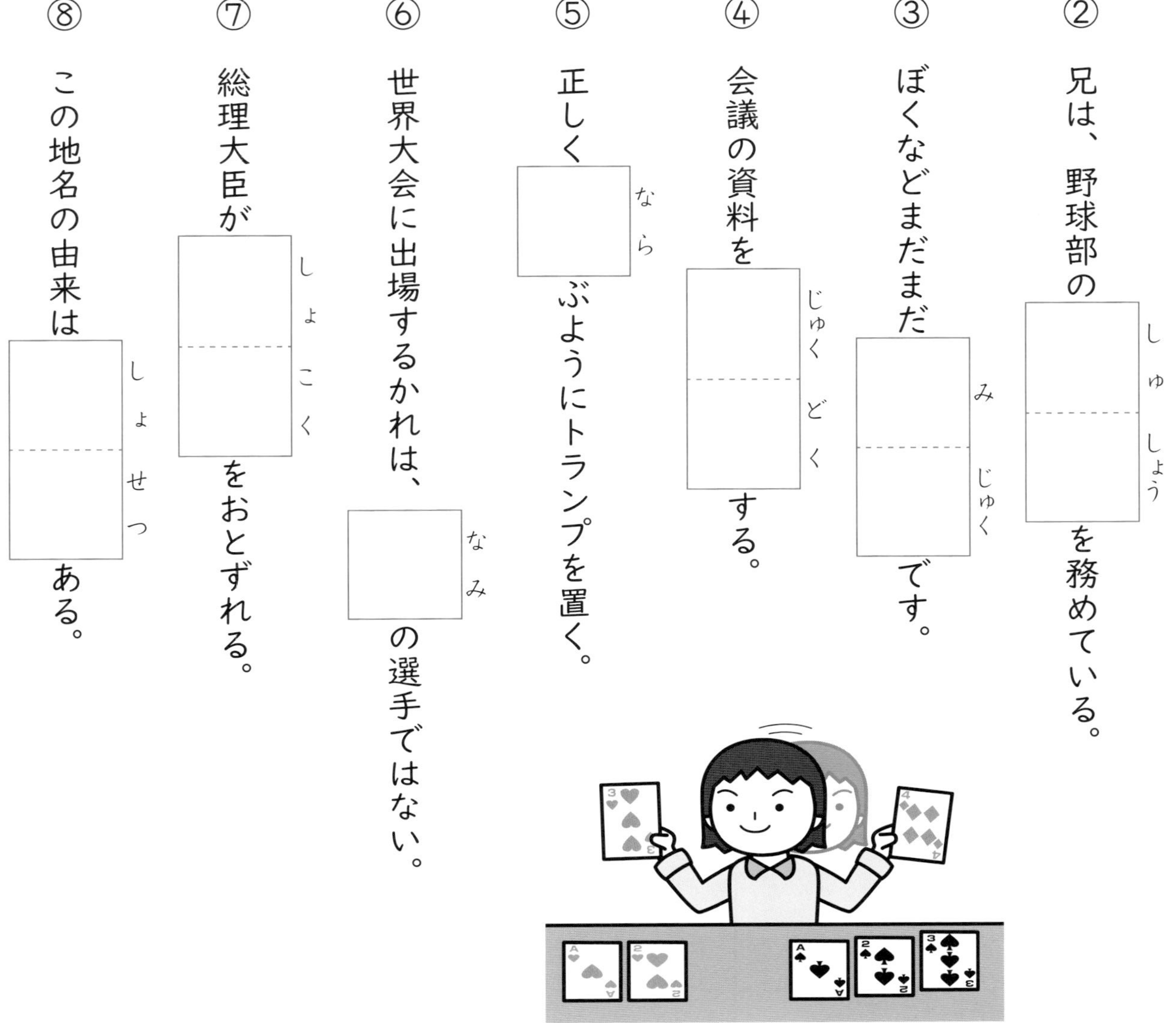

ヒント ②②「しょう」の一画目に注意しましょう。

きほんのドリル 5。
三字以上の熟語（じゅく）の構成 (2)

時間 15分　合格80点　/100
答え 99ページ
サクッとこたえあわせ
月　日

教科書 上 32〜33ページ

書いて覚えよう！

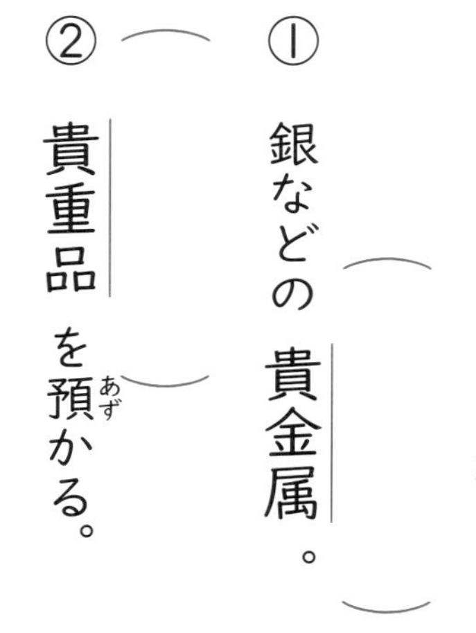

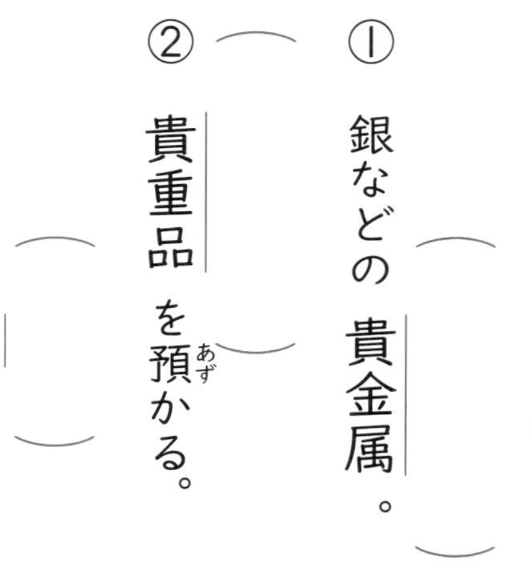

貴（キ）　教32ページ　12画　つける
貴金属（ききんぞく）　貴重品（きちょうひん）　貴族（きぞく）　高貴（こうき）
貴（かい／こがい）

棒（ボウ）　教32ページ　12画　上より長く
棒（ぼう）を立てる　鉄棒（てつぼう）　綿棒（めんぼう）
棒（きへん）

奏（ソウ）　教32ページ　9画　「夫」ではない
演奏会（えんそうかい）　合奏（がっそう）　独奏（どくそう）　間奏（かんそう）
奏（だい）

賃（チン）　教32ページ　13画　長く
電車賃（でんしゃちん）　賃金（ちんぎん）　運賃（うんちん）　家賃（やちん）
賃（かい／こがい）

層（ソウ）　教32ページ　14画　「ツ」にしない
中間層（ちゅうかんそう）　断層（だんそう）　地層（ちそう）　高層（こうそう）
層（しかばね／かばね）

1 読みがなを書きましょう。　28点（一つ4）

① 銀などの 貴金属 。（　　）
② 貴重品 を預（あず）かる。（　　）
③ ねん土に 棒 を立てる。（　　）
④ 演奏会 をききに行く。（　　）
⑤ 全員で 合奏 する。（　　）
⑥ 電車賃 をはらう。（　　）
⑦ 中間層 からの支持。（　　）

← 裏のページに続くよ！

2 あてはまる漢字を書きましょう。

72点（一つ9）

① 昔の［きぞく］の生活の様子を調べる。

② ［てつぼう］のむずかしいわざにちょう戦する。

③ よごれた部分を［めんぼう］でそうじする。

④ 発表会で、ギターの［どくそう］をする。

⑤ 働いて［ちんぎん］を得る。

⑥ パソコンで、駅までの［うんちん］を調べる。

⑦ この［だんそう］はじしんの時にできたものだ。

⑧ 古い［ちそう］から化石が発見された。

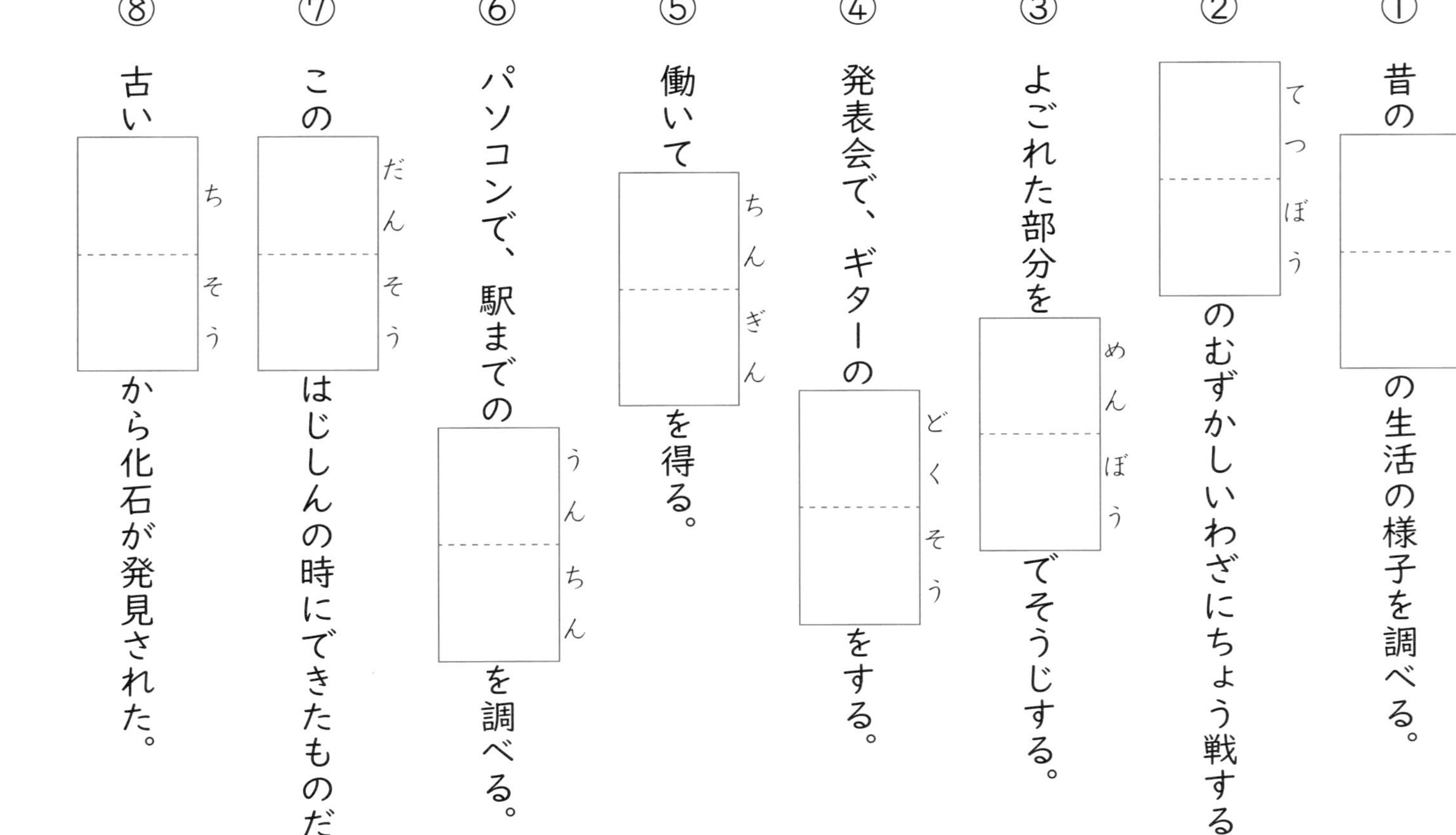

ヒント 2 ⑦・⑧「そう」の「日」を「目」と書かないように注意しましょう。

きほんのドリル 6。

三字以上の熟語（じゅく）の構成 (3)

時間 15分　合格80点　／100

サクッとこたえあわせ　答え 99ページ

月　日

書いて覚えよう！

教 32ページ
己 コ（上にはねる）
3画　己己己
己（おのれ）
自己主張（じこしゅちょう）　利己的（りこてき）

教 32ページ
退 タイ　しりぞく　しりぞける（おれてはねる）
9画　退退退退退退退退退
退（しんにょう・しんにゅう）
一進一退（いっしんいったい）　退場（たいじょう）　一歩退く（いっぽしりぞく）

教 33ページ
郵 ユウ（「阝」にしない）
11画　郵郵郵郵郵郵郵郵郵郵郵
郵（おおざと）
郵便物（ゆうびんぶつ）　郵送（ゆうそう）　郵便局（ゆうびんきょく）

教 33ページ
遺 イ（長く）
15画　遺遺遺遺遺遺遺遺遺遺遺遺遺遺遺
遺（しんにょう・しんにゅう）
世界遺産（せかいいさん）　遺業（いぎょう）　遺作（いさく）

教 33ページ
処 ショ（上にはねる）
5画　処処処処処
処（つくえ）
処理（しょり）　処置（しょち）　処分（しょぶん）　対処（たいしょ）

1 読みがなを書きましょう。 28点（一つ4）

① 自己主張（　　）をする。

② 一進一退（　　）をくり返す。

③ あわてて一歩退（　　）く。

④ 郵便物（　　）を出す。

⑤ 世界遺産（　　）への登録。

⑥ 下水を処理（　　）する。

⑦ けがの処置（　　）をする。

← 裏のページに続くよ！

2 あてはまる漢字を書きましょう。

72点（一つ9）

① その考え方は、［りこてき］だと言われた。

② 「ほたるの光」に送られて、卒業生が［たいじょう］する。

③ 安全な所まで［しりぞ］く。

④ 絵画教室の申しこみ用紙を［ゆうそう］する。

⑤ なくなった先生の［いぎょう］を引きつぐ。

⑥ 有名な画家の［いさく］が、発表された。

⑦ 着られなくなった衣服を［しょぶん］する。

⑧ 一人では［たいしょ］できない問題が起こる。

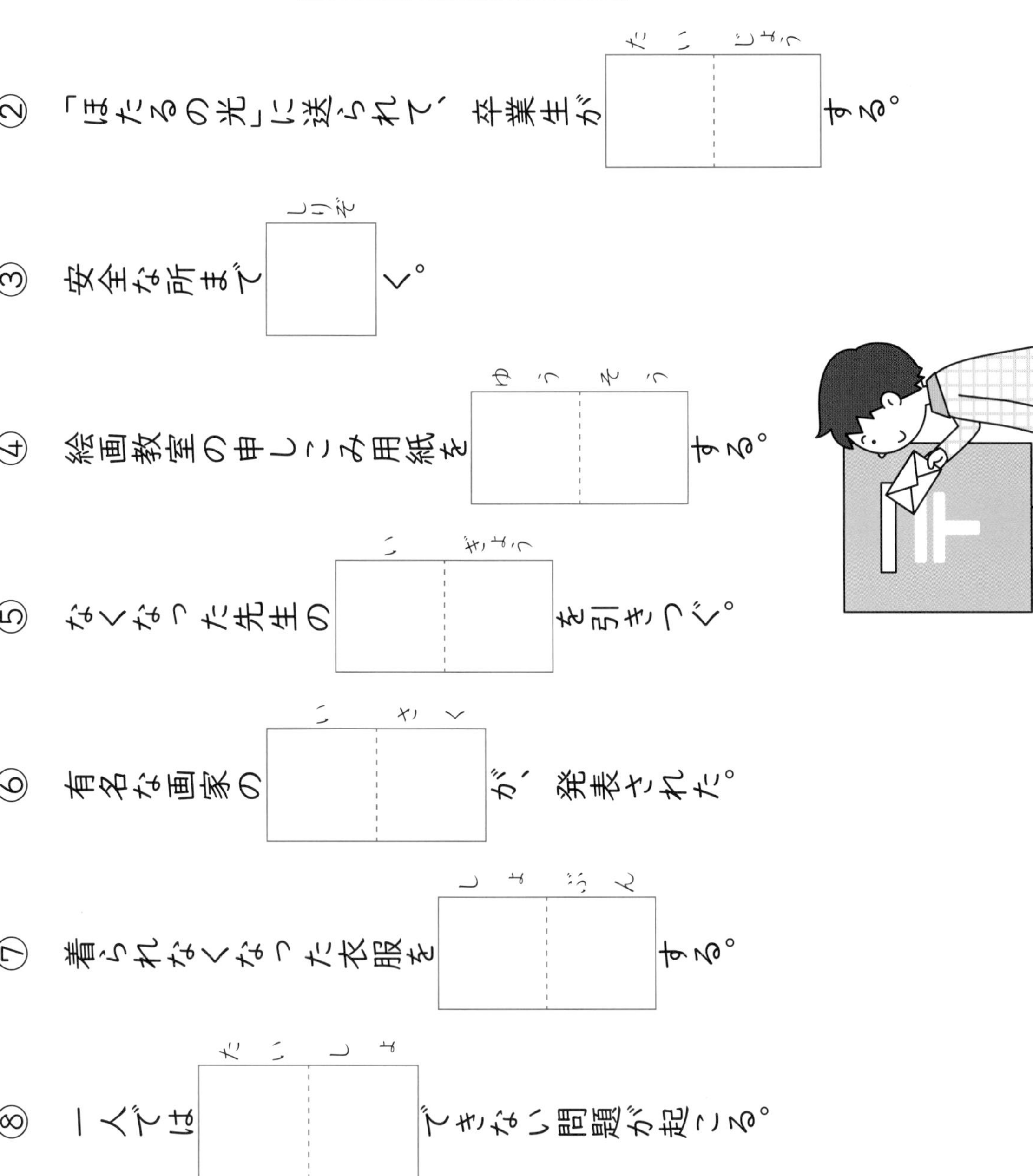

ヒント 2 ②・③「たい」「しりぞく」の6画目は「とめる」ことに注意しましょう。

きほんのドリル 7 三字以上の熟語の構成 (4)

時間 15分　合格80点　／100

答え 99ページ

月　日

書いて覚えよう！

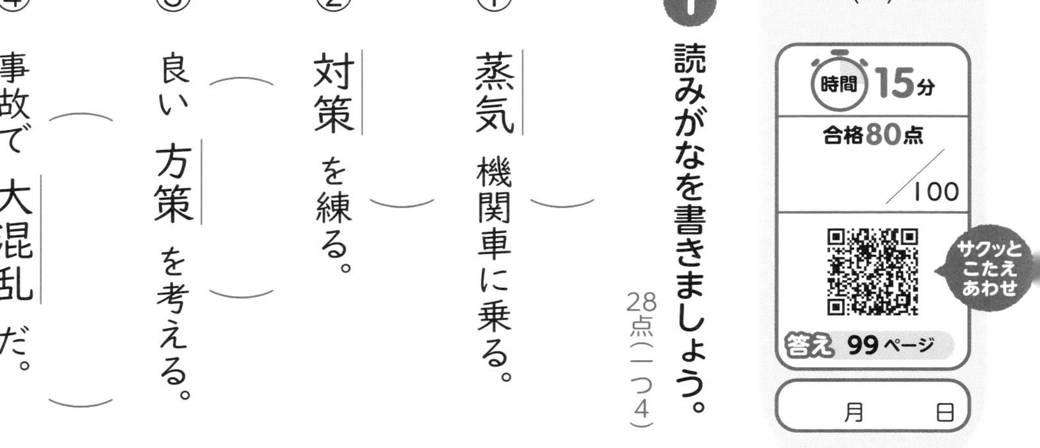

蒸（ジョウ）はねる　13画　教33ページ
蒸気（じょうき）　蒸発（じょうはつ）　水蒸気（すいじょうき）　くさかんむり

策（サク）とめる　12画　教33ページ
対策（たいさく）　方策（ほうさく）　散策（さんさく）　政策（せいさく）　たけかんむり

乱（ラン・みだれる・みだす）上にはねる　7画　教33ページ
大混乱（だいこんらん）　乱立（らんりつ）　さき乱れる（みだれる）　おつ

模（ボ・モ）とめる　14画　教33ページ
大規模（だいきぼ）　模様（もよう）　模型（もけい）　模写（もしゃ）　きへん

券（ケン）出ない　8画　教33ページ
入場券（にゅうじょうけん）　回数券（かいすうけん）　定期券（ていきけん）　かたな

1 読みがなを書きましょう。
28点（一つ4）

① 蒸気（　　）機関車に乗る。

② 対策（　　）を練る。

③ 良い 方策（　　）を考える。

④ 事故で 大混乱（　　）だ。

⑤ 花がさき 乱（　　）れる。

⑥ 大規模（　　）なお祭り。

⑦ 入場券（　　）を見せる。

教科書 上 32～33ページ

裏のページに続くよ！

2 あてはまる漢字を書きましょう。

72点（一つ9）

① 熱した鉄板の水分が［じょうはつ］する。

② あたり一面に［すいじょうき］が立ちこめる。

③ 公園を犬と［さんさく］するのが、祖父の朝の習慣だ。

④ 国会議員が［せいさく］をはっ表する。

⑤ 市の中心部には、高層建築が［らんりつ］している。

⑥ ［きぼ］の大きな店で買い物をする。

⑦ この水玉［もよう］のかさは、姉のお気に入りだ。

⑧ 地下鉄の［かいすうけん］を買う。

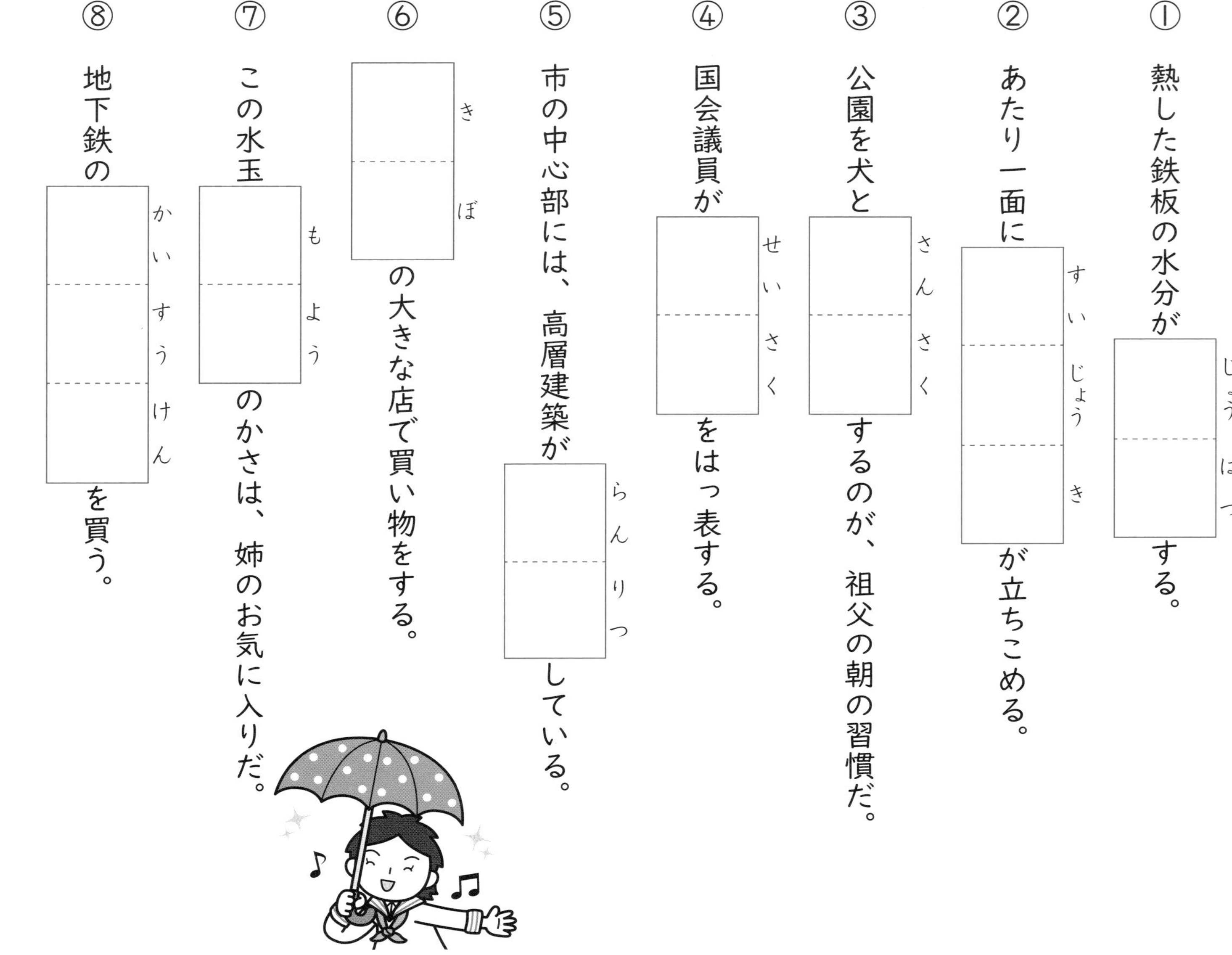

ヒント 2 ⑧「けん」の「刀」を「力」にしないように注意しましょう。

まとめのドリル 8 あの坂をのぼれば～三字以上の熟語の構成

時間 20分　合格80点　／100

答え 99ページ

サクッとこたえあわせ

月　日

1 漢字の読みがなを書きましょう。　48点（一つ4）

① 運動して、あせが 背筋（　） を流れ落ちる。

② 磁石（　） を使って実験する。

③ 火山がふんかして、灰（　） が飛んでくる。

④ 野球の試合に 興奮（　） して身を乗り出す。

⑤ 熟語（　） の書き取りテストを受ける。

⑥ 将来（　） の夢を卒業文集に書く。

⑦ 乗車券（　） の発行ができず、駅は 混乱（　） した。

⑧ 大規模（　） な 下水処理（　） 場が完成する。

⑨ 幼（　） い子どもたちの前で 演奏（　） する。

教科書 上13～33ページ

裏のページに続くよ！

2 あてはまる漢字を書きましょう。〔　〕には漢字とひらがなを書きましょう。 52点（一つ4）

① 春になって〔　　（あたたかく）　　〕なってきた。

② 大事な話に□（わたくし）ごとを持ちこんではいけない。

③ 反則をおかした選手が□□（たいじょう）する。

④ 〔　　（ゆうぐれ）　　〕時になり、すずしい風がふく。

⑤ バス停は□□□（じょうこうきゃく）でいっぱいだった。

⑥ 世界□□（いさん）の登録に向けて□□（たいさく）を練る。

⑦ めずらしい□□□（ききんぞく）がケースに〔　　（ならぶ）　　〕。

⑧ □□□（ゆうびんぶつ）の□□（うんちん）を調べる。

⑨ 古い□□（ちそう）から□□（じょうき）がふき出てきた。

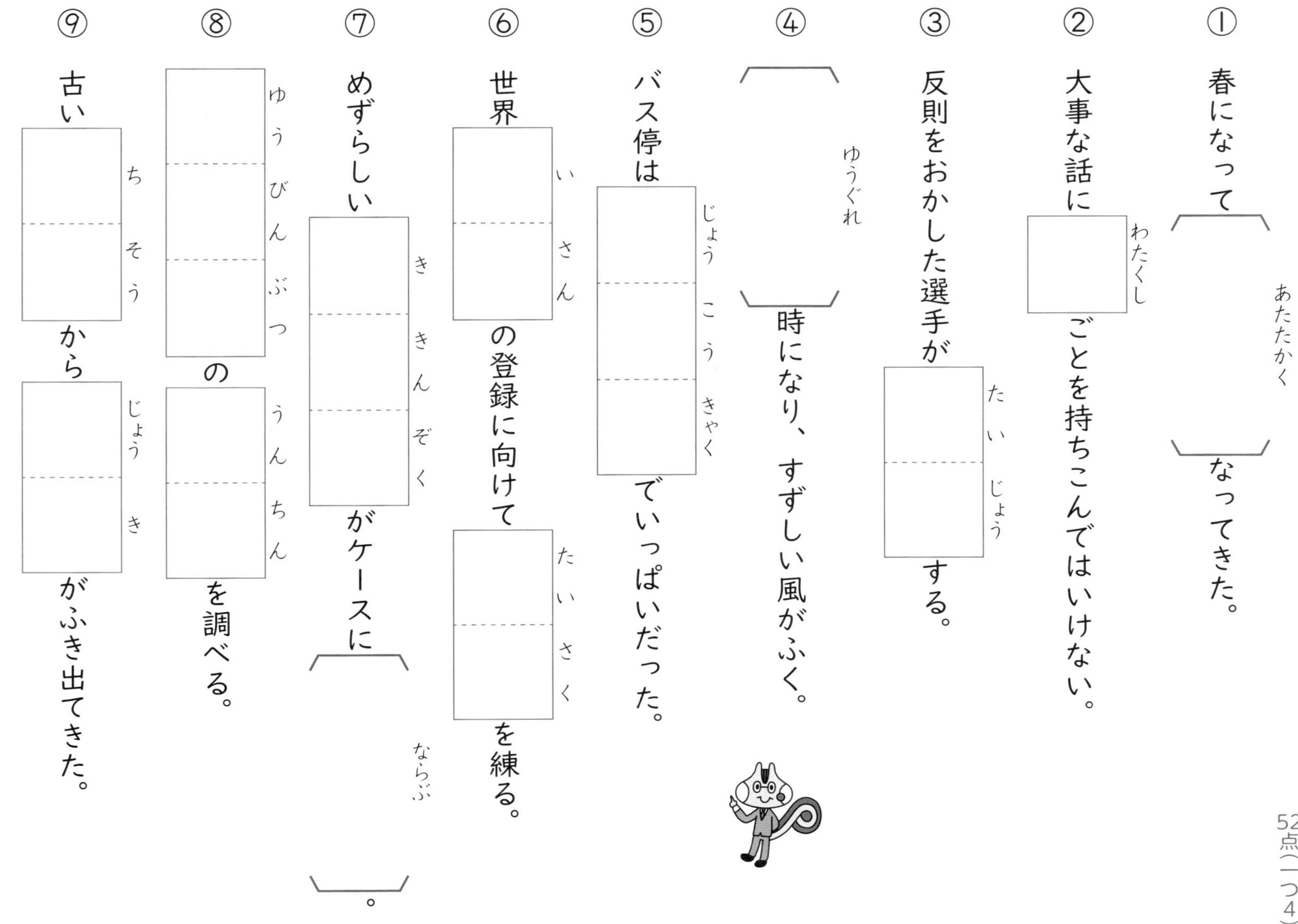

アイスは暑いほどおいしい？ 雪は新しいエネルギー (1)

時間 15分　合格80点　/100

答え 100ページ

サクッとこたえあわせ

月　日

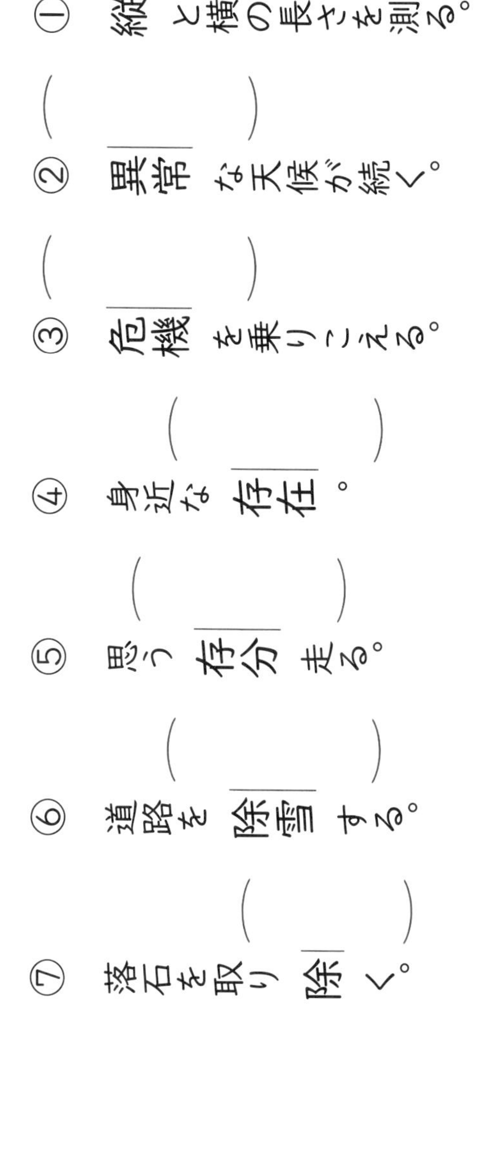

1 読みがなを書きましょう。　28点(一つ4)

① 縦と横の長さを測る。（　）

② 異常な天候が続く。（　）

③ 危機を乗りこえる。（　）

④ 身近な存在。（　）

⑤ 思う存分走る。（　）

⑥ 道路を除雪する。（　）

⑦ 落石を取り除く。（　）

書いて覚えよう！

縦	たて／ジュウ	16画	縦断（じゅうだん）、縦と横（たてとよこ）、縦笛（たてぶえ）	糸（いとへん）	教 36ページ
異	こと／イ	11画	異常（いじょう）、異質（いしつ）、考えが異なる（かんがえがことなる）	田（た）	教 38ページ
危	あぶない／キ	6画	危機（きき）、危険（きけん）、危ない場所（あぶないばしょ）	㔾（ふしづくり・わりふ）	教 38ページ
存	ソン・ゾン	6画	存在（そんざい）、存続（そんぞく）、保存（ほぞん）、存分（ぞんぶん）	子（こ）	教 40ページ
除	のぞく／ジョ	10画	除雪（じょせつ）、除外（じょがい）、取り除く（とりのぞく）	阝（こざとへん）	教 40ページ

はらう（縦）　長く（異）　つける（危）　とめる（存）　はねる（除）

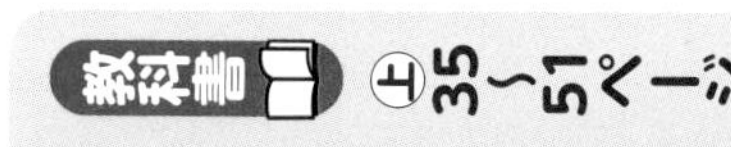

裏のページに続くよ！

2 あてはまる漢字を書きましょう。

72点（一つ9）

① ［たてぶえ］の練習をする。

② 広い国土を鉄道が［じゅうだん］している。

③ 東洋と西洋の［いしつ］な文化が伝わる。

④ 兄弟や姉妹でも性格は［こと］なる。

⑤ ［きけん］な場所には近づかないようにする。

⑥ 急な山道は［あぶ］ないから気をつけよう。

⑦ バスの路線を［そんぞく］させるための活動を行う。

⑧ 特別な例は［じょがい］して考える。

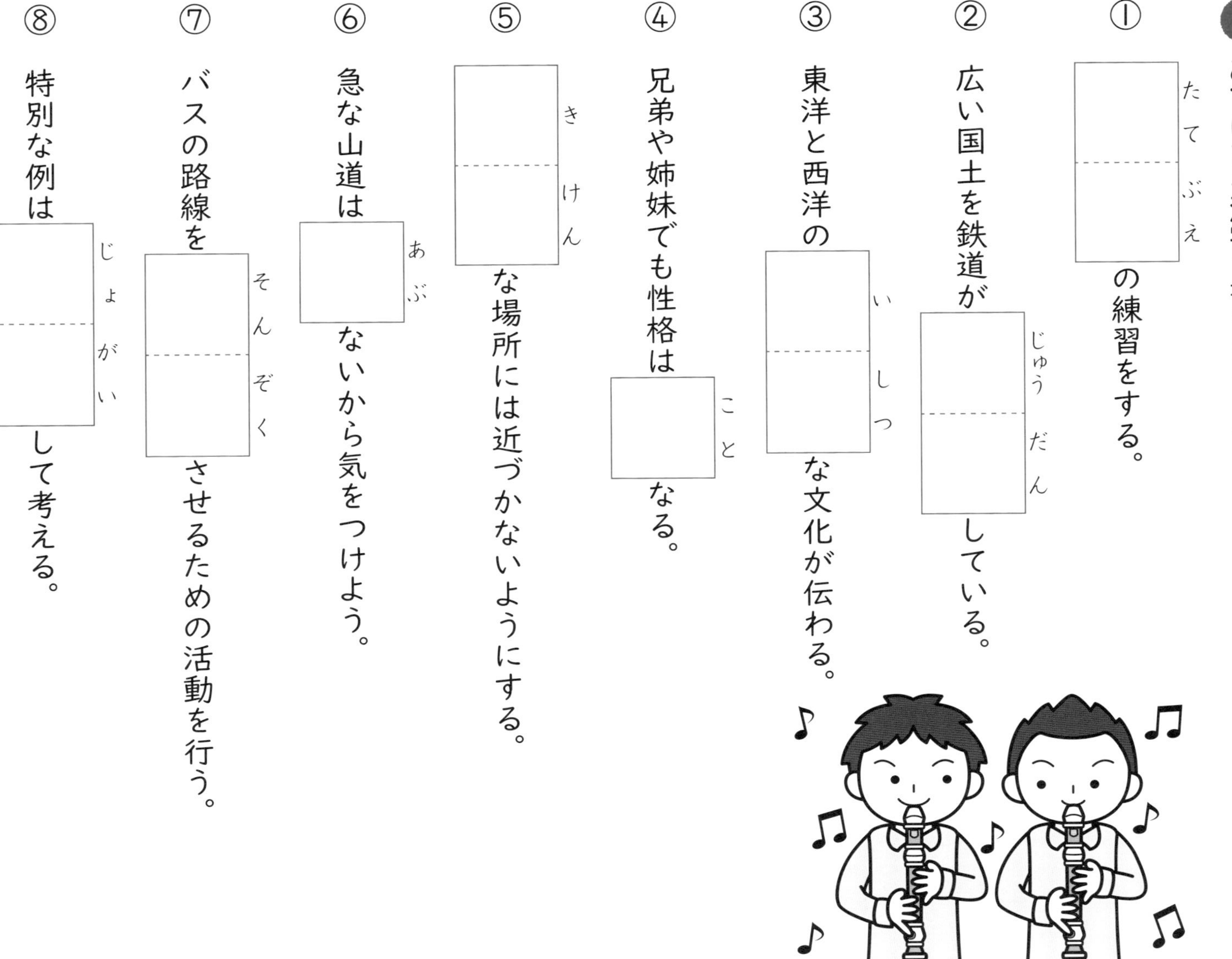

ヒント ②⑦「そん」の３画目は、２画目より少し上につき出して書きましょう。

きほんのドリル 10 雪は新しいエネルギー (2)

時間15分　合格80点　/100

答え100ページ

月　日

書いて覚えよう！

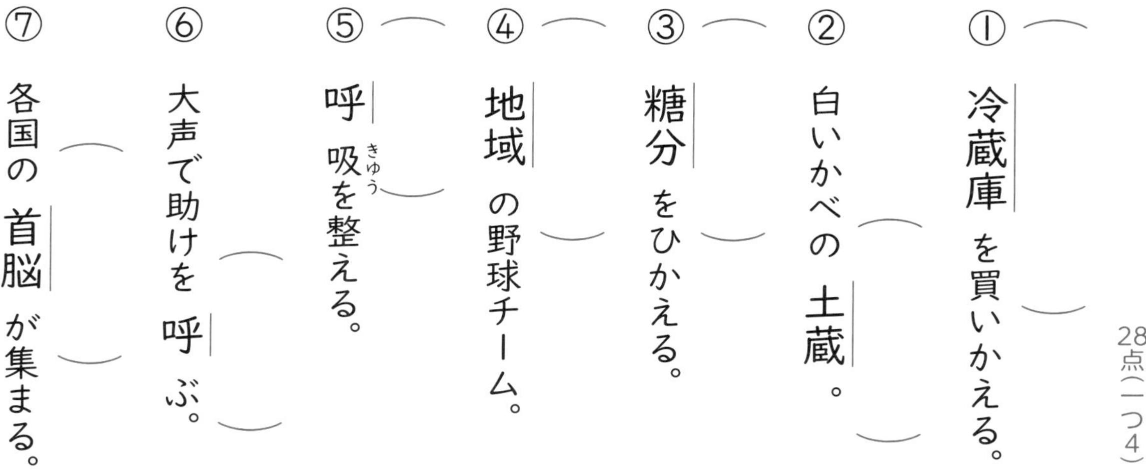

蔵（ゾウ）　教40ページ　15画　くさかんむり
冷蔵庫（れいぞうこ）　土蔵（どぞう）　貯蔵（ちょぞう）　蔵書（ぞうしょ）

糖（トウ）　教41ページ　16画　こめへん
糖分（とうぶん）　製糖（せいとう）　果糖（かとう）

域（イキ）　教41ページ　11画　つちへん
地域（ちいき）　区域（くいき）　領域（りょういき）　海域（かいいき）

呼（コ・よぶ）　教42ページ　8画　くちへん
呼吸（こきゅう）　点呼（てんこ）　助けを呼ぶ（たすけをよぶ）

脳（ノウ）　教42ページ　11画　にくづき
首脳（しゅのう）　頭脳（ずのう）　大脳（だいのう）　小脳（しょうのう）

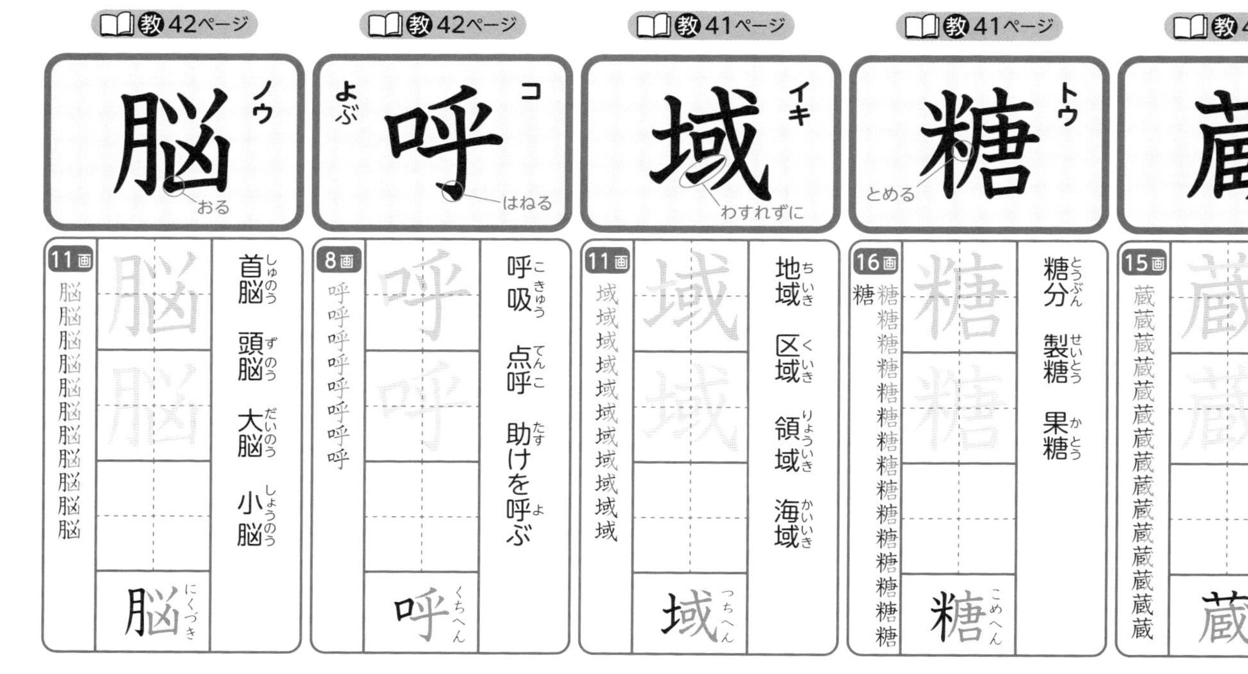

1 読みがなを書きましょう。 28点（一つ4）

① 冷蔵庫（　　）を買いかえる。
② 白いかべの 土蔵（　　）。
③ 糖分（　　）をひかえる。
④ 地域（　　）の野球チーム。
⑤ 呼（　　）吸（きゅう）を整える。
⑥ 大声で助けを 呼（　　）ぶ。
⑦ 各国の 首脳（　　）が集まる。

裏のページに続くよ！

2 あてはまる漢字を書きましょう。

72点（一つ9）

① 災害に備えて、食料を［ちょぞう］しておく。

② 父は引っこしのとき、［ぞうしょ］の一部を処分した。

③ 兄は、さとうを作る［せいとう］会社につとめている。

④ この［くいき］は立ち入り禁止になった。

⑤ 研究の［りょういき］を広げる。

⑥ 受付の順に名前を［よ］ぶ。

⑦ 集まった人たちの［てんこ］を取る。

⑧ すぐれた［ずのう］の持ち主。

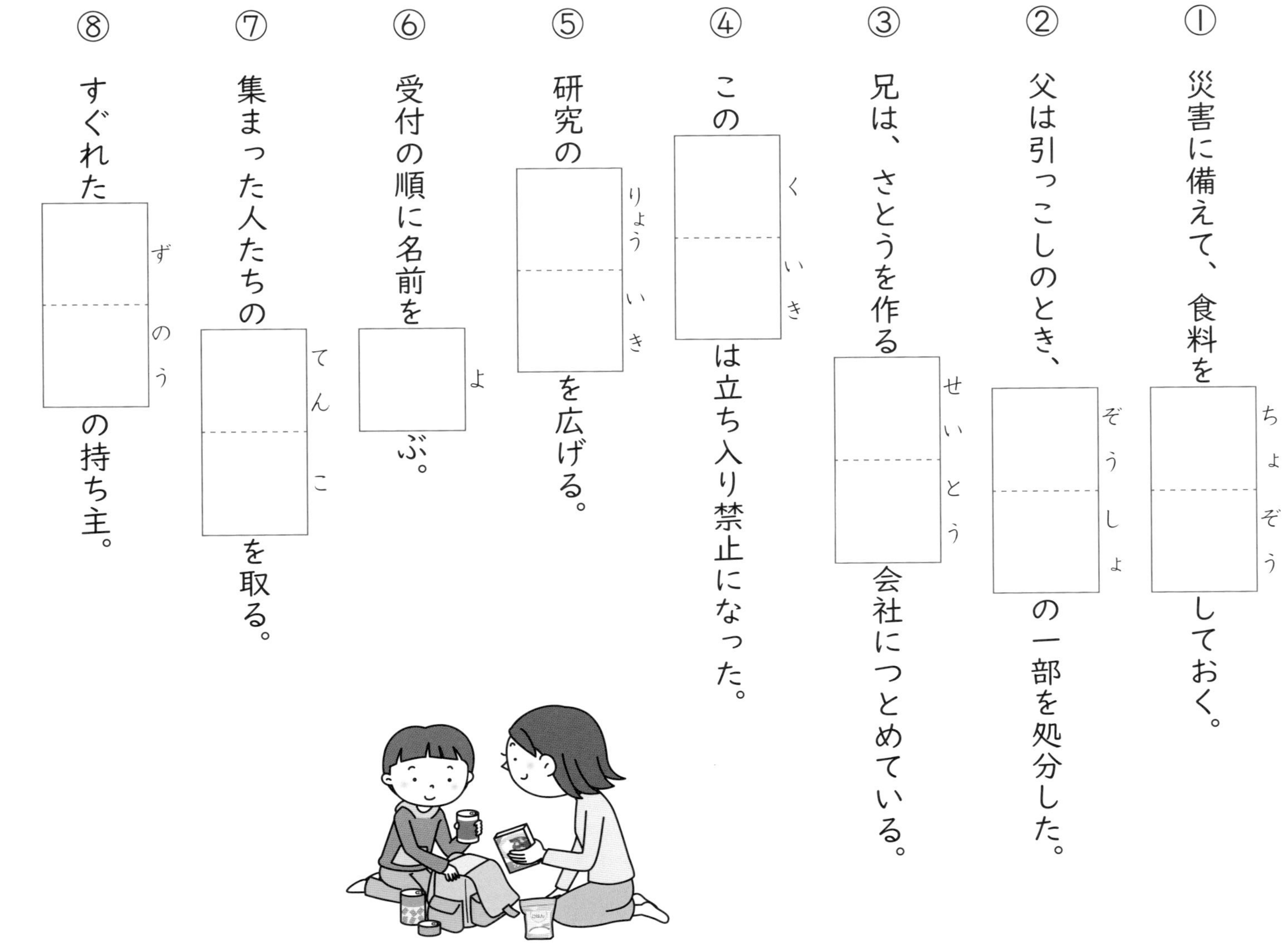

ヒント ２ ④・⑤「いき」の「土」を「扌」と書かないように注意しましょう。

きほんのドリル 11. 雪は新しいエネルギー (3)

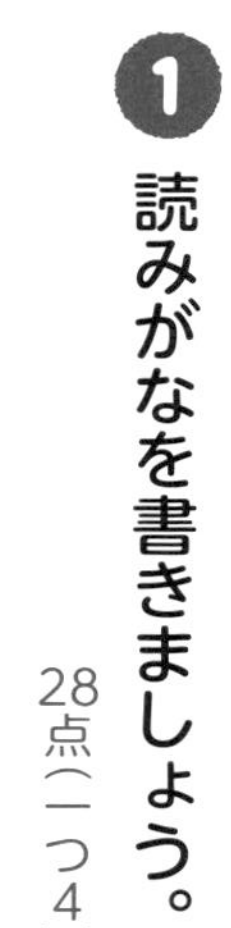

書いて覚えよう！

教50ページ　郷（キョウ）　「良」にしない　11画
郷土（きょうど）　故郷（こきょう）　郷里（きょうり）　部首：おおざと

教50ページ　宣（セン）　長く　9画
宣言（せんげん）　宣伝（せんでん）　宣告（せんこく）　部首：うかんむり

教46ページ　拡（カク）　はねる　8画
拡大（かくだい）　拡張（かくちょう）　拡散（かくさん）　拡声器（かくせいき）　部首：てへん

教43ページ　捨（シャ・すてる）　長く　11画
四捨五入（ししゃごにゅう）　ごみを捨（す）てる　部首：てへん

教43ページ　割（わる・わり・われる）　出ない　12画
二割（にわり）　割（わ）り算（ざん）　食器（しょっき）が割（わ）れる　部首：りっとう

1 読みがなを書きましょう。 28点（一つ4）

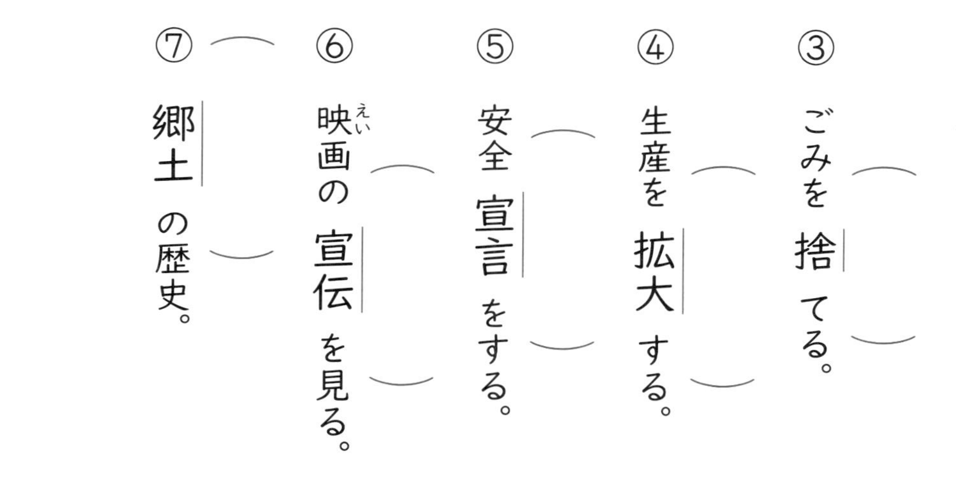

① 全体の 二割 。（　　）

② 割 り算をする。（　　）

③ ごみを 捨 てる。（　　）

④ 生産を 拡大 する。（　　）

⑤ 安全 宣言 をする。（　　）

⑥ 映（え）画の 宣伝 を見る。（　　）

⑦ 郷土 の歴史。（　　）

← 裏のページに続くよ！

教科書 上38～51ページ

❷ あてはまる漢字を書きましょう。

72点(一つ9)

① 水と砂(さ)糖を二対一の［わり］で混ぜる。

② 食器がゆかに落ちて［わ］れる。

③ 使わなくなった物を［す］てる。

④ 小数第一位を［ししゃごにゅう］する。

⑤ 道路の［かくちょう］工事が始まる。

⑥ 風に乗って、花粉が［かくさん］する。

⑦ 試合で退場を［せんこく］される。

⑧ 父の［こきょう］は徳島県だ。

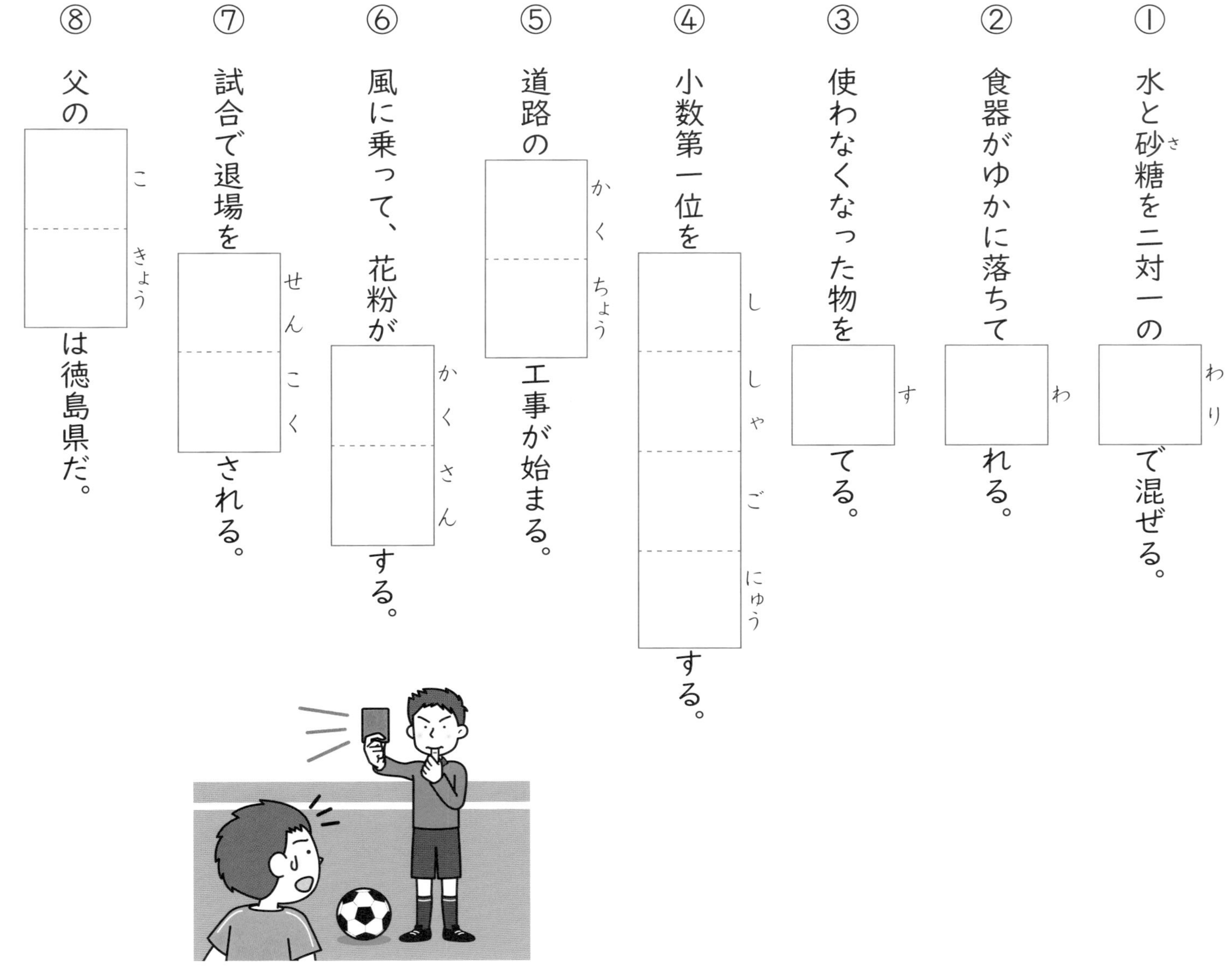

ヒント ❷ ⑦「せん」の４画目の横画を書きわすれないように注意しましょう。

雪は新しいエネルギー (4)

時間15分　合格80点　/100

答え100ページ

月　日

書いて覚えよう！

補	ホ／おぎなう	12画	補補補補補補補補補補補補	衤（ころもへん）	補助（ほじょ）　補欠（ほけつ）　言葉（ことば）を補（おぎな）う
皇	コウ・オウ	9画	皇皇皇皇皇皇皇皇皇	白（しろ）	天皇陛下（てんのうへいか）　天皇（てんのう）　皇子（おうじ）　皇居（こうきょ）　皇室（こうしつ）
陛	ヘイ	10画	陛陛陛陛陛陛陛陛陛陛	阝（こざとへん）	天皇陛下（てんのうへいか）　陛下（へいか）　皇后陛下（こうごうへいか）
后	コウ	6画	后后后后后后	口（くち）	皇后（こうごう）
党	トウ	10画	党党党党党党党党党党	儿（ひとあし・にんにょう）	党首（とうしゅ）　政党（せいとう）　野党（やとう）　党員（とういん）

（教50ページ）

補：はねる　皇：長く　陛：上にはねる　后：あける　党：上にはねる

1 読みがなを書きましょう。

28点（一つ4）

① 補助（　　）業務を任せる。

② 言葉を補（　　）う。

③ 天皇陛下（　　）のお写真。

④ 皇子（　　）が生まれる。

⑤ 皇后（　　）陛下のお言葉。

⑥ 党首（　　）会談を行う。

⑦ 政党（　　）を結成する。

教科書 上38～51ページ

裏のページに続くよ！

2 あてはまる漢字を書きましょう。

72点（一つ9）

① 県議会議いんの［ほけつ］選挙が行われる。

② 足りない栄養を［おぎな］う。

③ 明日は［てんのう］たん生日だ。

④ ランナーが［こうきょ］の周りを走る。

⑤ 両［へいか］のお姿（すがた）をお見かけする。

⑥ 新聞に［こうごう］様のお写真がけいさいされた。

⑦ 総理大臣の提案に［やとう］が反対する。

⑧ 父は、政治家の演説会に［とういん］として参加した。

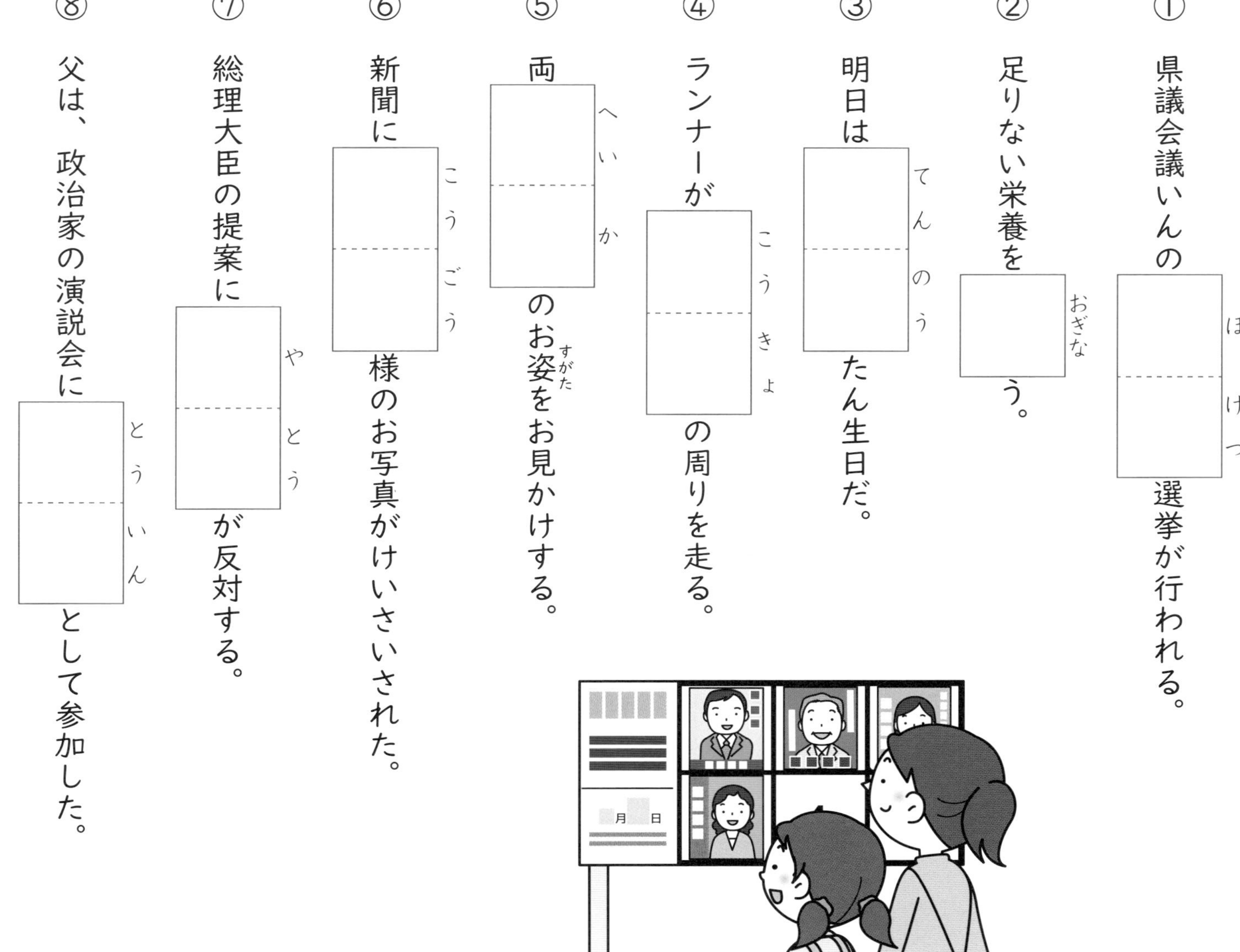

ヒント ２ ⑦・⑧「とう」の「⺌」を「ツ」と書かないように注意しましょう。

きほんのドリル 13。 雪は新しいエネルギー（5）

時間 15分　合格80点　／100

サクッとこたえあわせ　答え100ページ

月　日

書いて覚えよう！

教50ページ
純 ジュン（出る）
10画　いとへん
単純（たんじゅん）　純情（じゅんじょう）　純白（じゅんぱく）　純真（じゅんしん）

教50ページ
権 ケン（長く）
15画　きへん
三権（さんけん）　実権（じっけん）　権利（けんり）　権限（けんげん）

教50ページ
孝 コウ（長く）
7画　こ
孝行（こうこう）　親孝行（おやこうこう）　孝養（こうよう）

教50ページ
厳 ゲン　きびしい（出ない）
17画　つかんむり
時間厳守（じかんげんしゅ）　厳重（げんじゅう）　厳しい自然（きびしいしぜん）

教50ページ
傷 ショウ　きず（長く）
13画　にんべん
軽傷（けいしょう）　負傷（ふしょう）　傷が残る（きずがのこる）　傷口（きずぐち）

1 読みがなを書きましょう。　28点（一つ4）

① 単純（　）明快な説明。
② 純情（　）な少年。
③ 三権（　）分立の仕組み。
④ 政治の実権（　）をもつ。
⑤ 孝行（　）むすこの昔話。
⑥ 厳（　）しい自然。
⑦ 足に傷（　）が残る。

教科書 上38～51ページ

← 裏のページに続くよ！

❷ あてはまる漢字を書きましょう。

72点（一つ9）

① 大人になったら、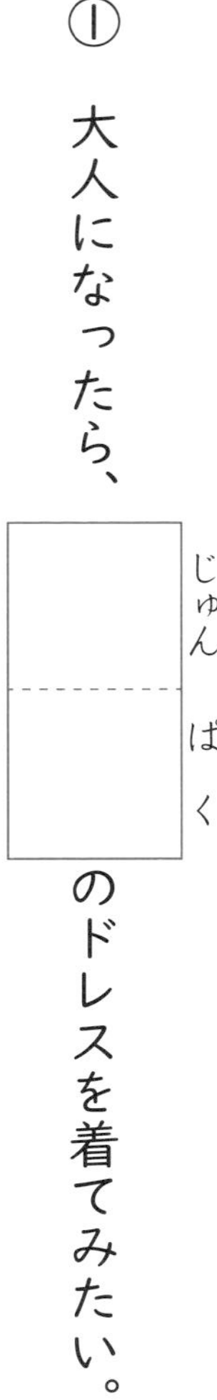（じゅんぱく）のドレスを着てみたい。

② 手紙に書かれた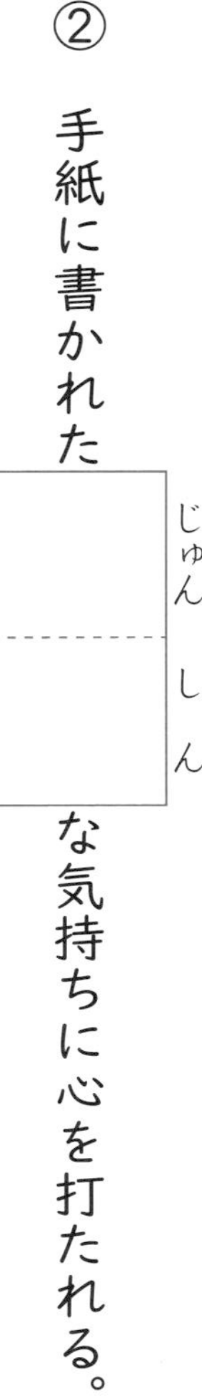（じゅんしん）な気持ちに心を打たれる。

③ 国民の義務と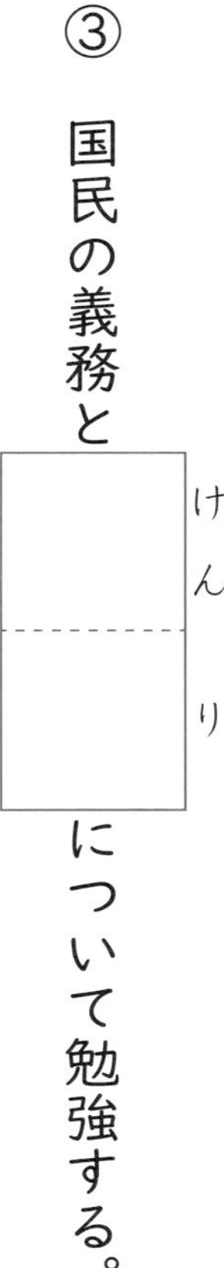（けんり）について勉強する。

④ 議長の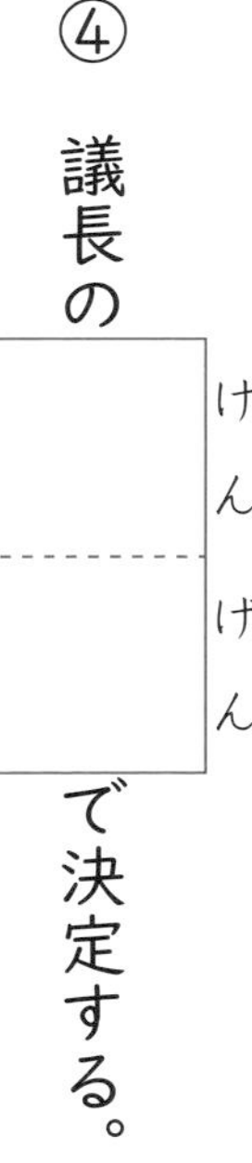（けんげん）で決定する。

⑤ 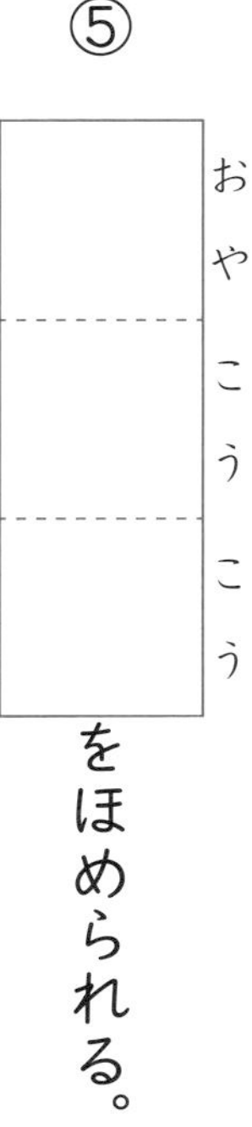（おやこうこう）をほめられる。

⑥ 先生から（きび）しい指導を受ける。

⑦ 転んですりむいた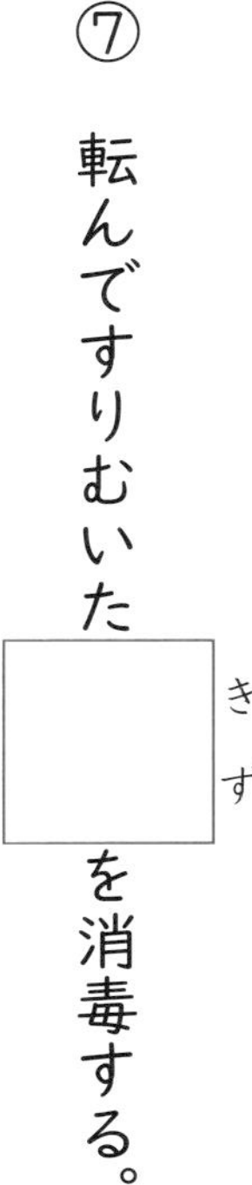（きず）を消毒する。

⑧ 自転車事故で足を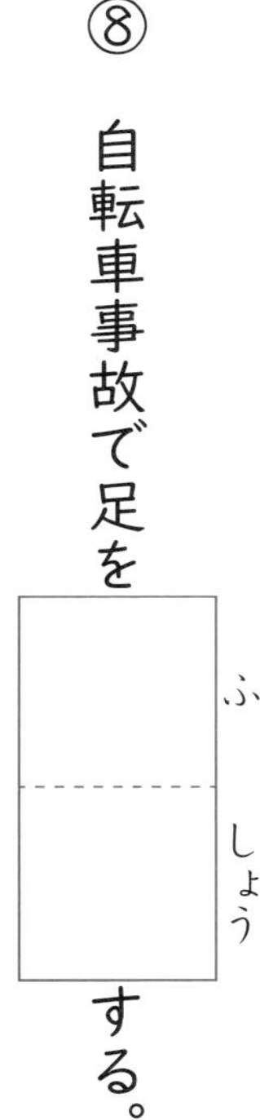（ふしょう）する。

 ❷ ⑤「こう」は、似た字の「考」と書きまちがえないように注意しましょう。

アイスは暑いほどおいしい？～雪は新しいエネルギー

時間 20分
合格80点
/100
サクッとこたえあわせ
答え 100ページ
月　日

1 漢字の読みがなを書きましょう。　48点（一つ4）

① 各国の首脳（　）が東京に集まった。

② この地域（　）は世界遺産に登録されている。

③ 少年の純情（　）をえがいた物語を読む。

④ 天皇陛下（　）のお言葉がテレビで放送される。

⑤ これは皇后（　）様の愛用のお品だ。

⑥ 親孝行（　）として知られている青年。

⑦ 危険（　）な場所は除外（　）してハイキングの計画を立てる。

⑧ 傷（　）ついた果物を三割（　）安くして売る。

⑨ 補欠（　）選挙の投票のため、故郷（　）に帰る。

教科書 上35～51ページ

裏のページに続くよ！

2 あてはまる漢字を書きましょう。〔　〕には漢字とひらがなを書きましょう。

52点（一つ4）

① 〔きびしい〕寒波がやってくる。

② 代表者が全員の前で開会を□□（せんげん）する。

③ 父は体のために□□（とうぶん）をひかえ目にしている。

④ 〔すてられた〕ごみを全員で拾い集める。

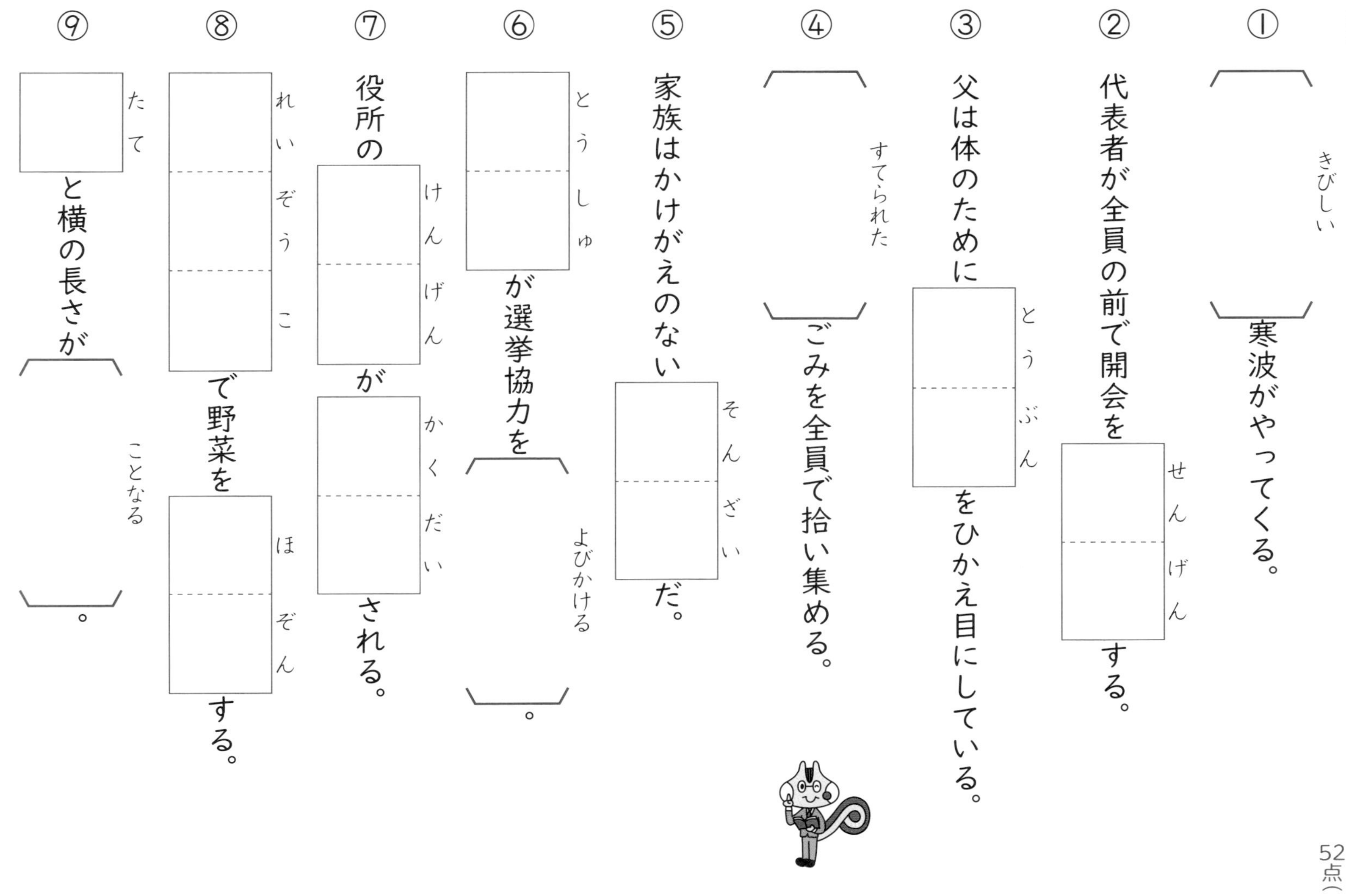

⑤ 家族はかけがえのない□□（そんざい）だ。

⑥ □□（とうしゅ）が選挙協力を〔よびかける〕。

⑦ 役所の□□（けんげん）が□□（かくだい）される。

⑧ □□□（れいぞうこ）で野菜を□□（ほぞん）する。

⑨ □（たて）と横の長さが〔ことなる〕。

きほんのドリル 15。 パネルディスカッション

書いて覚えよう！

「簡」の「⺮」を「艹」と書かないようにね。

1 読みがなを書きましょう。

28点（一つ4）

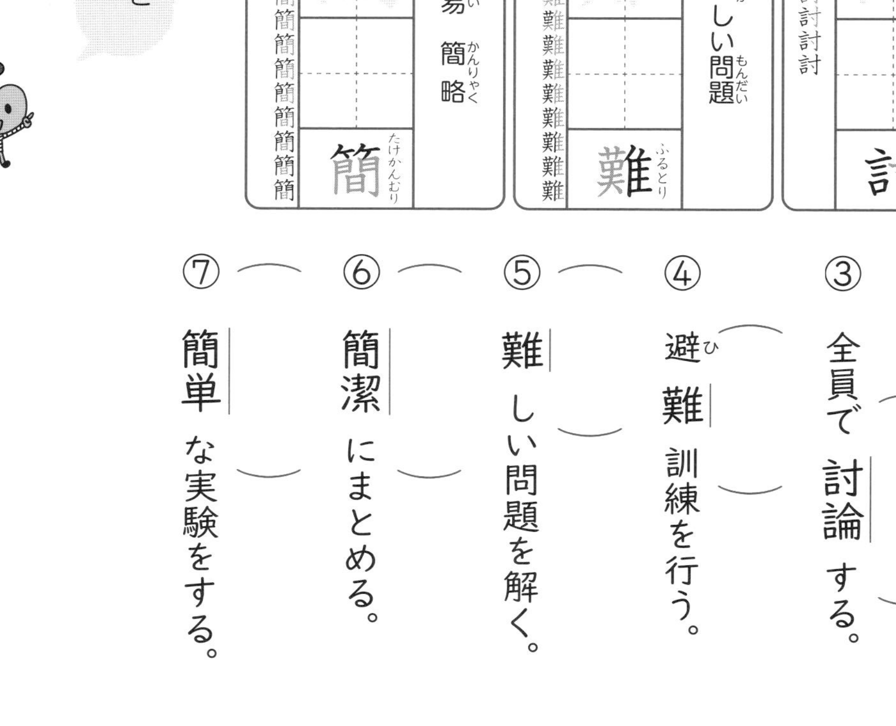

① 論題について考える。（　　）

② 歴史書の序論を読む。（　　）

③ 全員で討論する。（　　）

④ 避(ひ)難訓練を行う。（　　）

⑤ 難しい問題を解く。（　　）

⑥ 簡潔にまとめる。（　　）

⑦ 簡単な実験をする。（　　）

裏のページに続くよ！

2 あてはまる漢字を書きましょう。

72点（一つ9）

① 児童会の運営について［ぎろん］する。

② 話し合いをしても、［けつろん］は出なかった。

③ 正しいかどうかを［けんとう］する。

④ 委員会で解決策を［とうぎ］する。

⑤ 先生からのなぞなぞは［なんもん］だった。

⑥ 祖父が［むずか］しい顔をしている。

⑦ 使いやすいように、手順を［かんりゃく］にする。

⑧ そんな［かんい］な方法では、すぐ失敗してしまう。

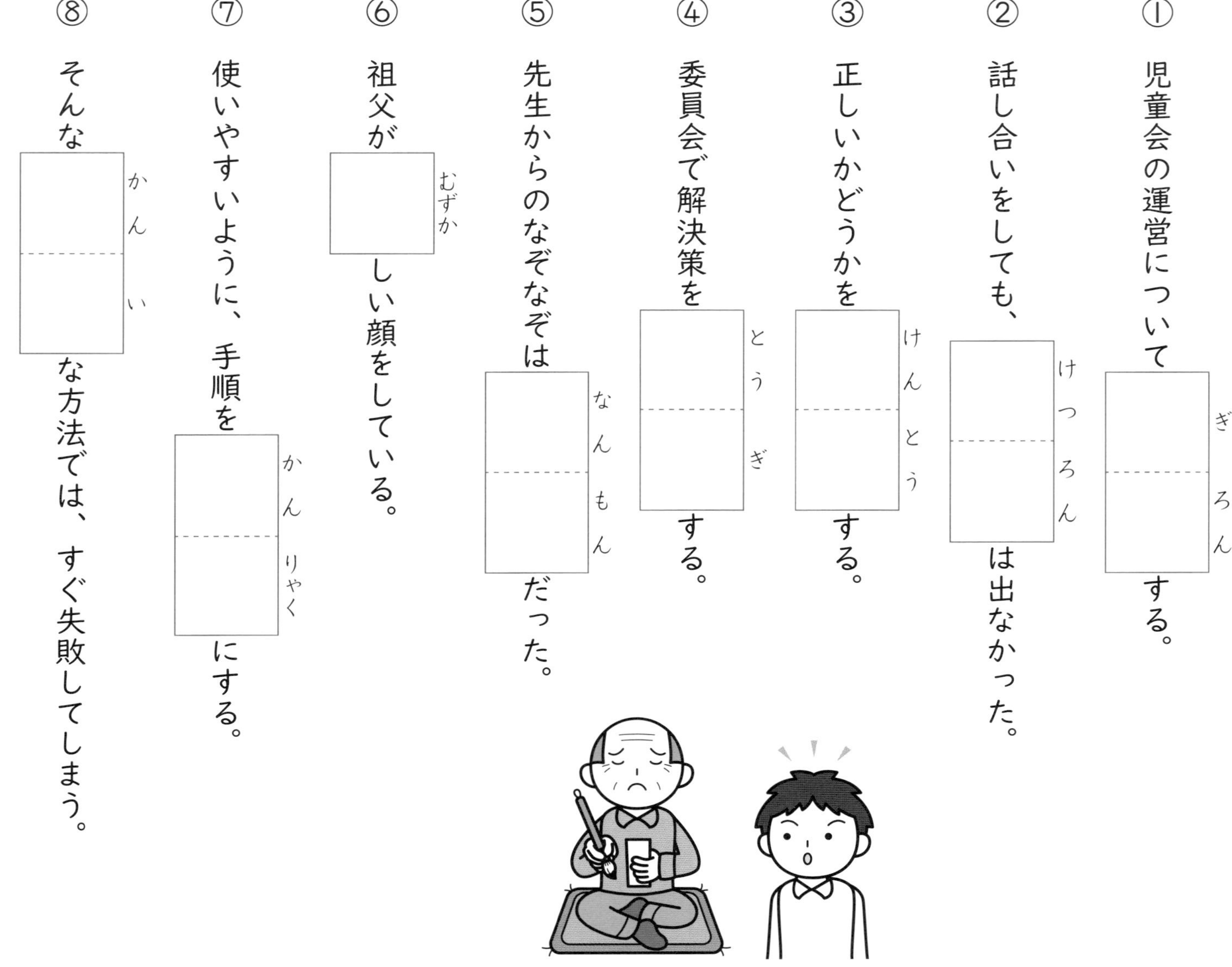

ヒント ❷⑤・⑥「なん」「むずかしい」の右側の部分の筆順に注意しましょう。

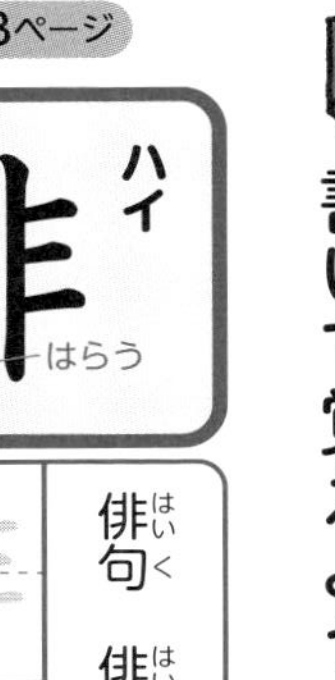

きほんのドリル 16。

雨
複数の意味をもつ漢字 (1)

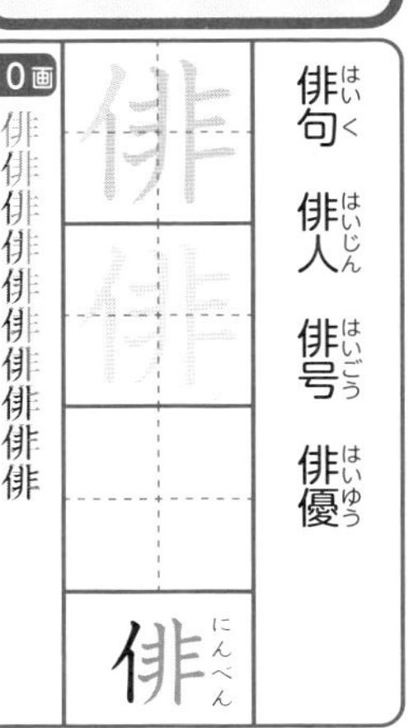

書いて覚えよう！

俳（教63ページ） ハイ　はらう　10画
俳(はい)句(く)　俳(はい)人(じん)　俳(はい)号(ごう)　俳(はい)優(ゆう)　にんべん

垂（教63ページ） スイ　たれる　たらす　出る　8画
垂(すい)直(ちょく)　垂(すい)線(せん)　雨(あま)垂(だ)れ　つち

源（教63ページ） ゲン　みなもと　はねる　13画
語(ご)源(げん)　資(し)源(げん)　電(でん)源(げん)　生(せい)命(めい)の源(みなもと)　さんずい

姿（教66ページ） シ　すがた　とめる　9画
姿(し)勢(せい)　容(よう)姿(し)　自(じ)分(ぶん)の姿(すがた)　おんな

1 読みがなを書きましょう。　28点（一つ4）

① 俳句（　　）を楽しむ。

② 棒を垂直（　　）に立てる。

③ 雨垂（　　）れの音を聞く。

④ 語源（　　）を調べる。

⑤ 生命の源（　　）を研究する。

⑥ 姿勢（　　）を正す。

⑦ 自分の姿（　　）。

教科書 上62～67ページ

← 裏のページに続くよ！

❷ あてはまる漢字を書きましょう。

72点(一つ9)

① 有名な［はいじん］について研究する。

② のき下からしずくが［た］れる。

③ 三角定規を使って［すいせん］を引く。

④ 限りある［しげん］を大切にしよう。

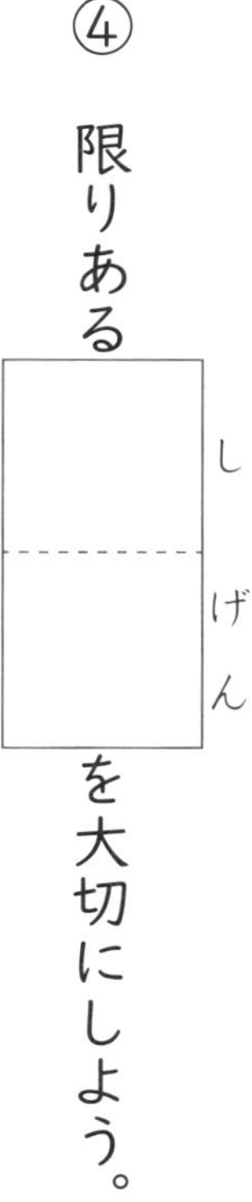

⑤ クーラーの使用後は［でんげん］を切る。

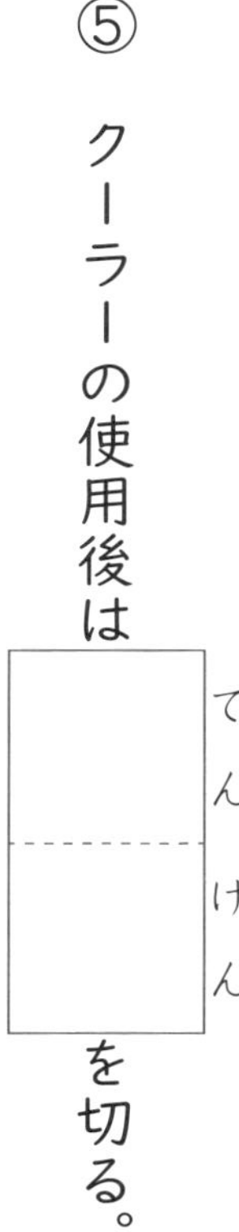

⑥ 文明の［みなもと］をたずねる。

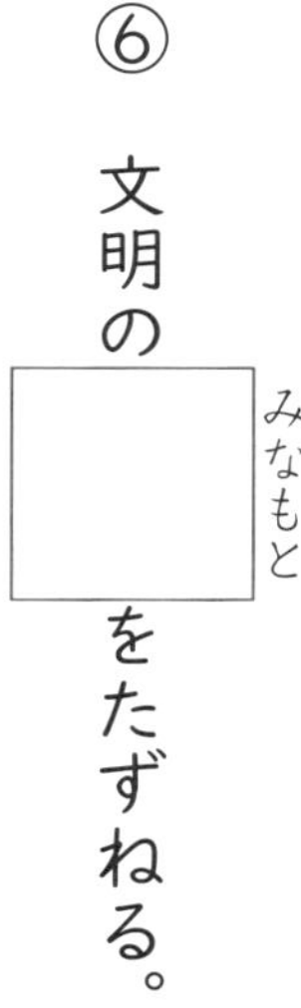

⑦ 山の頂(いただき)が［すがた］を現す。

⑧ ［ようし］のみで人を判断しない。

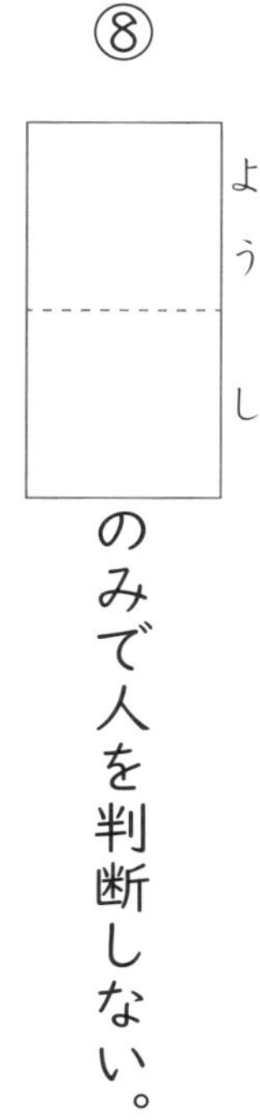

ヒント ❷ ①「はい」の3～7画目の筆順に注意しましょう。

きほんのドリル 17. 複数の意味をもつ漢字(2)

時間 15分 合格80点 ／100

サクッとこたえあわせ

答え100ページ

月　日

書いて覚えよう！

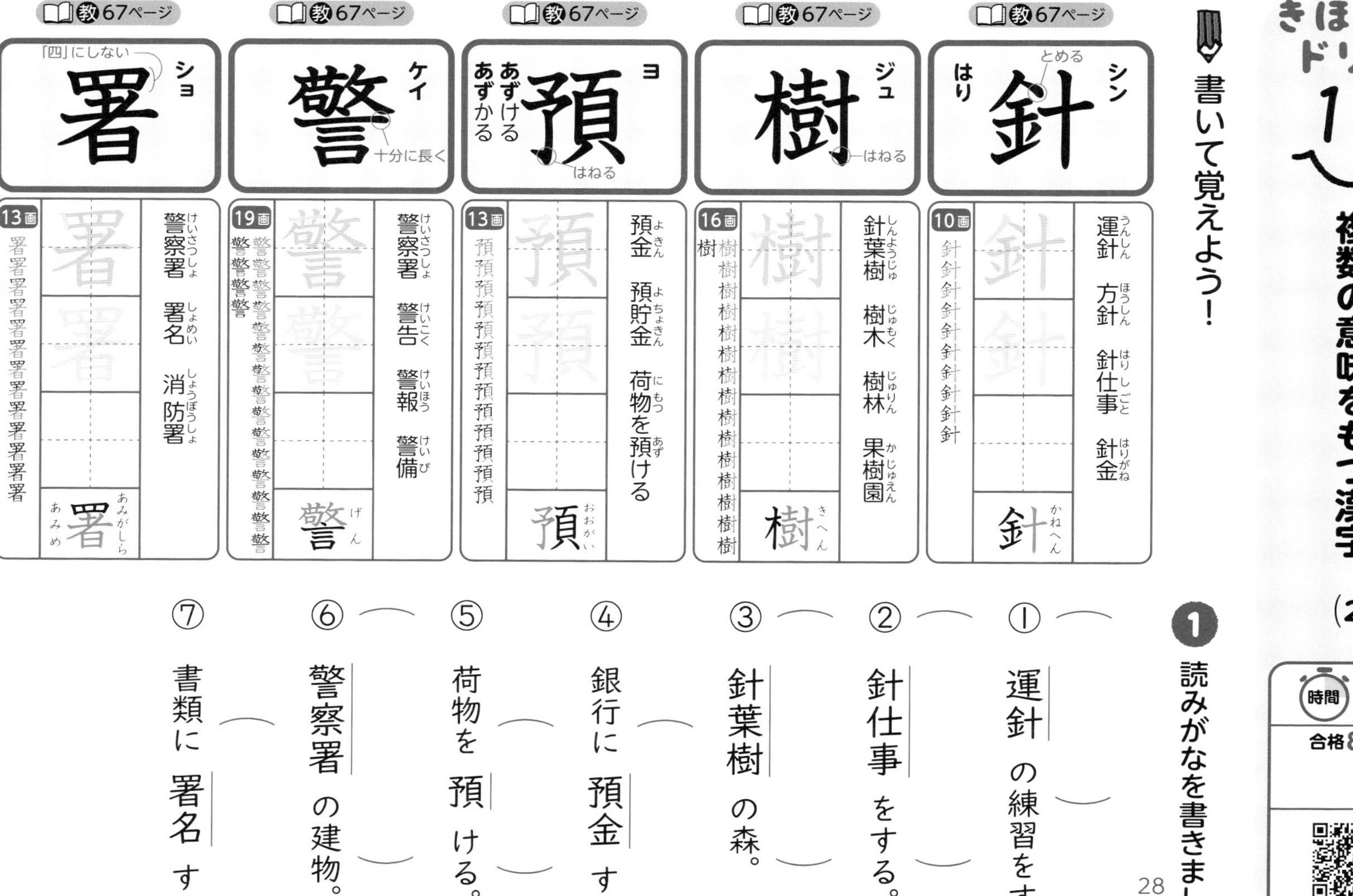

漢字	読み	画数	部首	言葉
針（教67ページ）	はり／シン	10画	かねへん	運針(うんしん)　方針(ほうしん)　針仕事(はりしごと)　針金(はりがね)
樹（教67ページ）	ジュ	16画	きへん	針葉樹(しんようじゅ)　樹木(じゅもく)　樹林(じゅりん)　果樹園(かじゅえん)
預（教67ページ）	あずける／あずかる／ヨ	13画	おおがい	預金(よきん)　預貯金(よちょきん)　荷物(にもつ)を預(あず)ける
警（教67ページ）	ケイ	19画	げん	警察署(けいさつしょ)　警告(けいこく)　警報(けいほう)　警備(けいび)
署（教67ページ）	ショ	13画	あみがしら／あみめ	警察署(けいさつしょ)　署名(しょめい)　消防署(しょうぼうしょ)

1 読みがなを書きましょう。 28点(一つ4)

① 運針（　　）の練習をする。

② 針仕事（　　）をする。

③ 針葉樹（　　）の森。

④ 銀行に預金（　　）する。

⑤ 荷物を預（　　）ける。

⑥ 警察署（　　）の建物。

⑦ 書類に署名（　　）する。

教科書 上66～67ページ

裏のページに続くよ！

2 あてはまる漢字を書きましょう。

72点（一つ9）

① 外れないように［はりがね］で固定する。

② 今後の児童会の［ほうしん］を全員で考える。

③ 町外れの公園には、いろいろな［じゅもく］がある。

④ 旅行のため、犬を親類に［あず］ける。

⑤ ［よちょきん］を増やす。

⑥ 立ち入り禁止の［けいこく］を出す。

⑦ ようやく大雨［けいほう］が解除された。

⑧ 通学路に［しょうぼうしょ］がある。

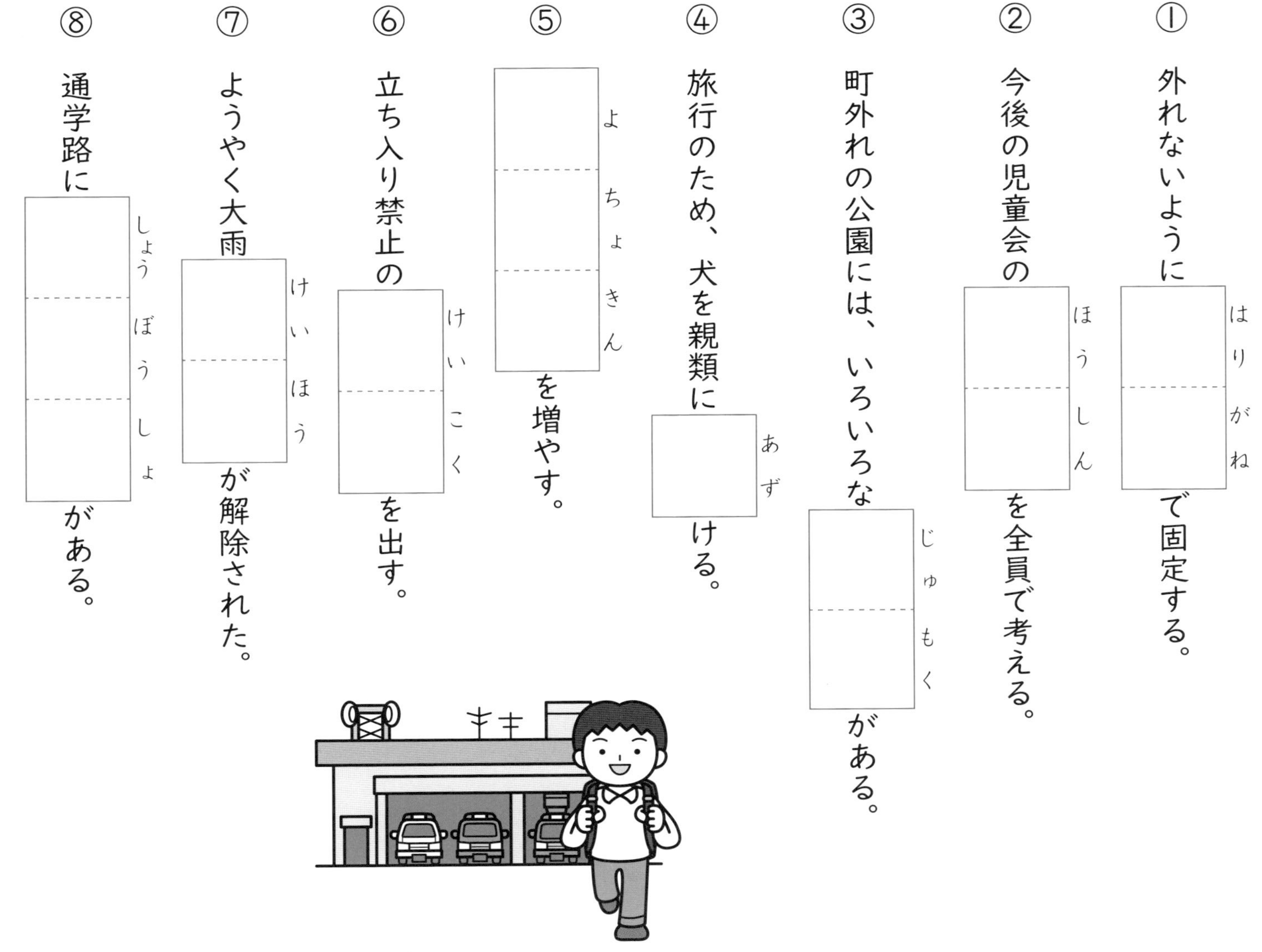

ヒント 2 ③「じゅ」の16画目の「、」を書きわすれないように注意しましょう。

きほんのドリル 18。 複数の意味をもつ漢字 (3)

時間 15分　合格80点　/100

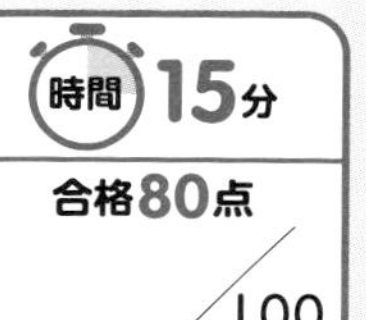

サクッとこたえあわせ　答え 100ページ

月　日

書いて覚えよう！

勤（教67ページ） キン・つとめる・つとまる　12画　はねる
勤務（きんむ）　通勤（つうきん）　銀行に勤める（ぎんこうにつとめる）　部首：力（ちから）

我（教67ページ） われ　7画　はねる
我々（われわれ）　我先に（われさきに）　我に返る（われにかえる）　部首：戈（ほこがまえ・ほこづくり）

操（教67ページ） ソウ　16画　とめる
操作（そうさ）　体操（たいそう）　操業（そうぎょう）　情操（じょうそう）　部首：扌（てへん）

裁（教67ページ） サイ・さばく　12画　わすれずに
裁断（さいだん）　裁判所（さいばんしょ）　争いを裁く（あらそいをさばく）　部首：衣（ころも）

臨（教67ページ） リン　18画　「口」の大きさに注意
臨時（りんじ）　君臨（くんりん）　臨席（りんせき）　臨海（りんかい）　部首：臣（しん）

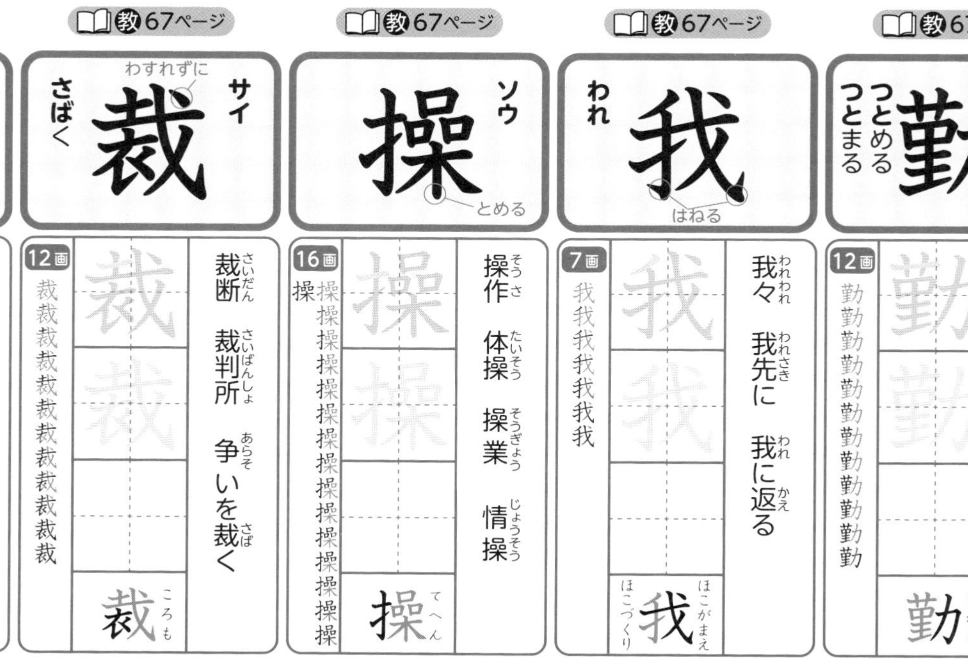

1 読みがなを書きましょう。 28点（一つ4）

① 病院に勤務する。（　）
② 銀行に勤める。（　）
③ 我々にもできる。（　）
④ 操作方法を理解する。（　）
⑤ 布を裁断する。（　）
⑥ 争いを裁く。（　）
⑦ 臨時列車に乗る。（　）

裏のページに続くよ！

2 あてはまる漢字を書きましょう。

72点（一つ9）

① 父は毎日、電車で［つう・きん］している。

② 兄は今年から、出版社に［つと］めることになった。

③ 目の前に広がる景色に［われ］をわすれる。

④ 校庭では、野球部員たちが［たい・そう］をしていた。

⑤ 工場は、午前八時から［そう・ぎょう］している。

⑥ 授ぎょうで［さい・ばん・しょ］を見学する。

⑦ 友達同士のもめごとを［さば］く。

⑧ 国王が［くん・りん］して国を治めていた時代の物語を読む。

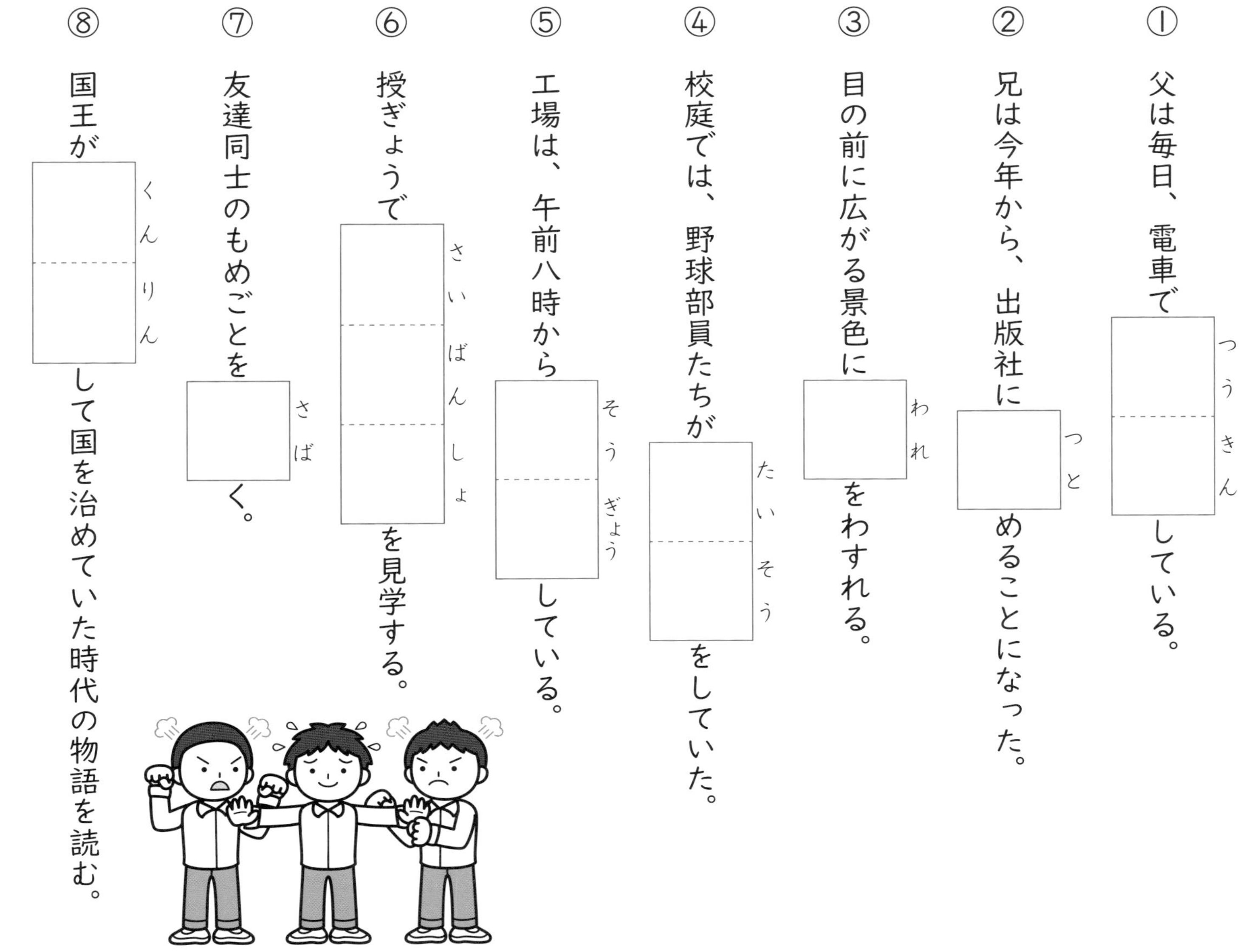

ヒント 2 ⑥・⑦「さい」「さばく」の3画目の横画は、長くのばして書くことに注意しましょう。

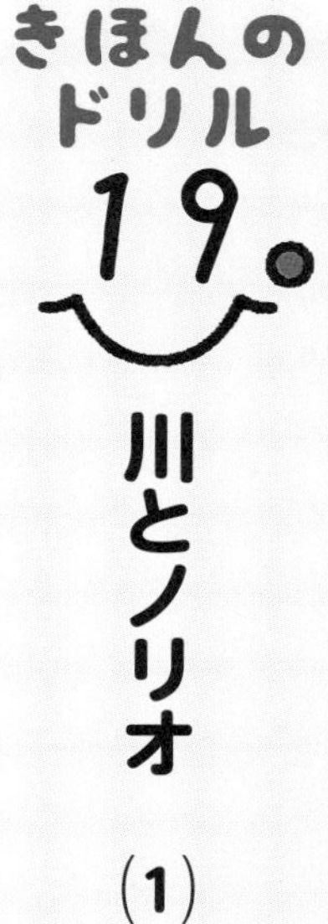

きほんのドリル 19

川とノリオ (1)

時間 15分　合格80点　／100

答え101ページ　サクッとこたえあわせ

月　日

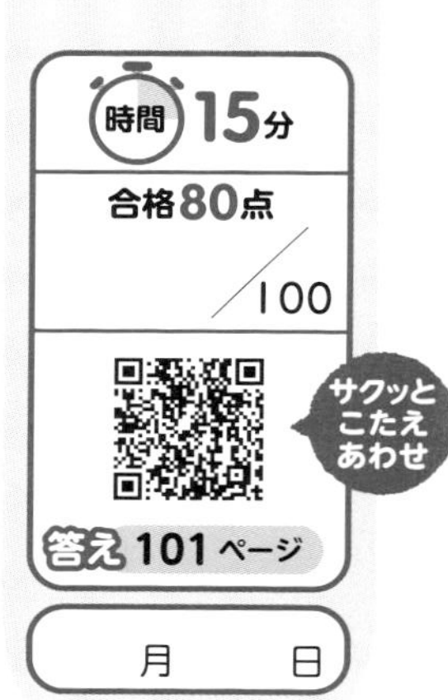

書いて覚えよう！

若（教71ページ）　わかい　8画　くさかんむり
若若若若若若若若
若葉（わかば）　若者（わかもの）　若草（わかくさ）　若い人（わかいひと）
（つける）

洗（教71ページ）　セン　あらう　9画　さんずい
洗洗洗洗洗洗洗洗洗
洗面器（せんめんき）　洗顔（せんがん）　顔を洗う（かおをあらう）
（上にはねる）

映（教72ページ）　エイ　うつる　うつす　9画　ひへん
映映映映映映映映映
映画（えいが）　映像（えいぞう）　映し出す（うつしだす）
（出る）

片（教73ページ）　かた　4画　かた
片片片片
片一方（かたいっぽう）　片方（かたほう）　片づける（かたづける）
（とめる）

巻（教74ページ）　カン　まく　まき　9画　わりふ　ふしづくり
巻巻巻巻巻巻巻巻巻
上巻（じょうかん）　巻末（かんまつ）　取り巻く（とりまく）　巻紙（まきがみ）
（上にはねる）

1 読みがなを書きましょう。 28点（一つ4）

① 若葉 の美しい季節。（　　）

② 顔を 洗 う。（　　）

③ 話題の 映画 を見る。（　　）

④ 鏡に 映 し出す。（　　）

⑤ 片一方 だけのくつ。（　　）

⑥ 物語の 上巻 を読む。（　　）

⑦ 客が店を 取り 巻 く。（　　）（　　）

← 裏のページに続くよ！

❷ あてはまる漢字を書きましょう。

72点(一つ9)

① 父の［わか］いころの写真を見る。

② 学校から帰ると、手を［あら］ってうがいをする。

③ ［せんめんき］に水を張る。

④ 月の光が、美しい山の姿を湖面に［うつ］す。

⑤ テレビの［えいぞう］が乱れる。

⑥ くつ下が［かたほう］見つからない。

⑦ 足首をねんざして、包帯を［ま］く。

⑧ ［かんまつ］の資料を参考にする。

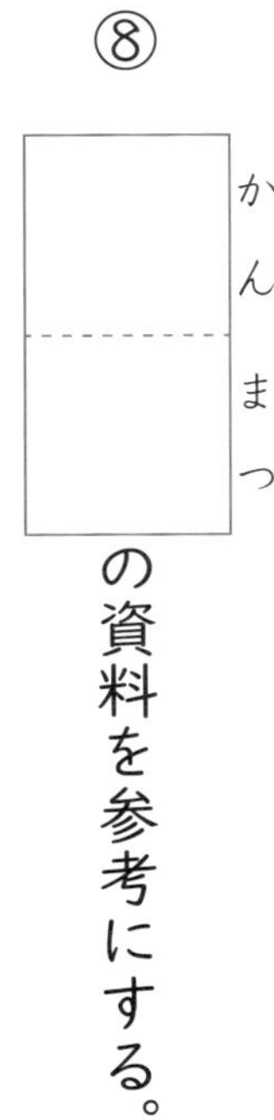

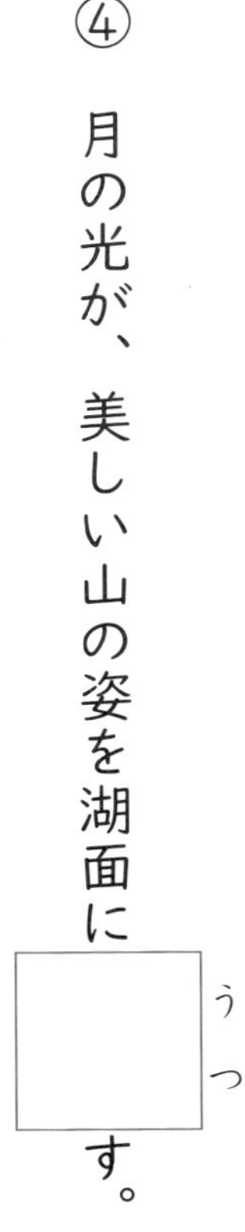

ヒント ❷ ⑦・⑧「まく」「かん」の7～9画目を一画で書かないように注意しましょう。

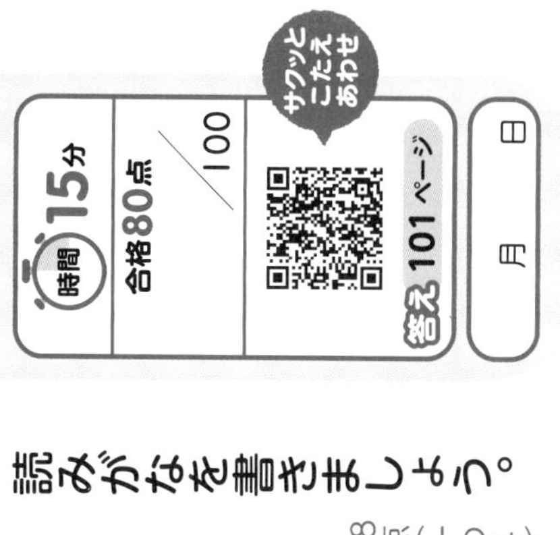

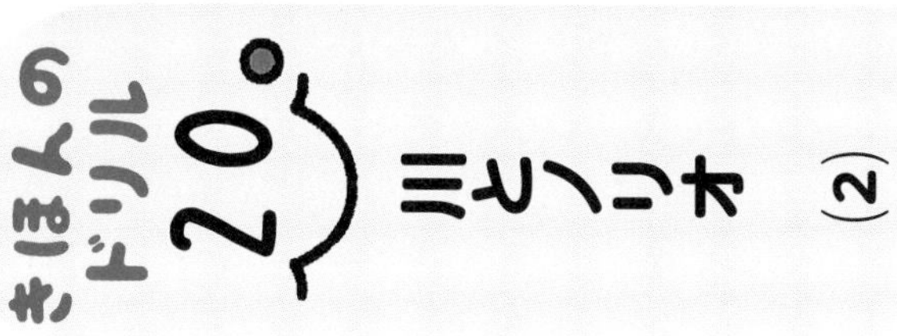

きほんのドリル 20。

川とノリオ (2)

時間 15分
合格80点
/100
答え 101ページ
サクッとこたえあわせ
月　日

書いて覚えよう！

📖教74ページ
砂 すな サ（はねる）
9画 砂砂砂砂砂砂砂砂砂
砂（いしへん）
砂鉄（さてつ）　砂の城を作る（すなのしろをつくる）　砂時計（すなどけい）

📖教77ページ
穴 あな（つける）
5画 穴穴穴穴穴
穴（あな）
穴倉（あなぐら）　横穴（よこあな）　穴場（あなば）　節穴（ふしあな）

📖教85ページ
探 さがす タン（とめる）
11画 探探探探探探探探探探探
探（てへん）
探検（たんけん）　探知（たんち）　本を探す（ほんをさがす）

📖教85ページ
晩 バン（上にはねる）
12画 晩晩晩晩晩晩晩晩晩晩晩晩
晩（ひへん）
幾晩（いくばん）　今晩（こんばん）　毎晩（まいばん）　昨晩（さくばん）

📖教85ページ
干 ほす カン（長く）
3画 干干干
干（かん・いちじゅう）
干害（かんがい）　干潮（かんちょう）　干し草（ほしくさ）　梅干し（うめぼし）

1 読みがなを書きましょう。
28点（一つ4）

① 磁石で 砂鉄（　　） を集める。
② 砂（　　） の城を作る。
③ 大きな 穴倉（　　）。
④ どうくつを 探検（　　） する。
⑤ 図書館で本を 探（　　） す。
⑥ 幾（いく） 晩（　　） も待ち続ける。
⑦ 干（　　） し草をかる。

← 裏のページに続くよ！

2 あてはまる漢字を書きましょう。

72点（一つ9）

① [すなどけい]でじかんをはかる。

② 大木に空いた[よこあな]に、たから物をかくす。

③ ライオンがえものを[さが]す。

④ 魚の群れを[たんち]する。

⑤ [こんばん]は、弟のたんじょうパーティーだ。

⑥ 私は[まいばん]、父と公園をランニングしている。

⑦ 祖母は、[うめぼ]しのあのすっぱい味がいいと言う。

⑧ 日照り続きで[かんがい]が心配される。

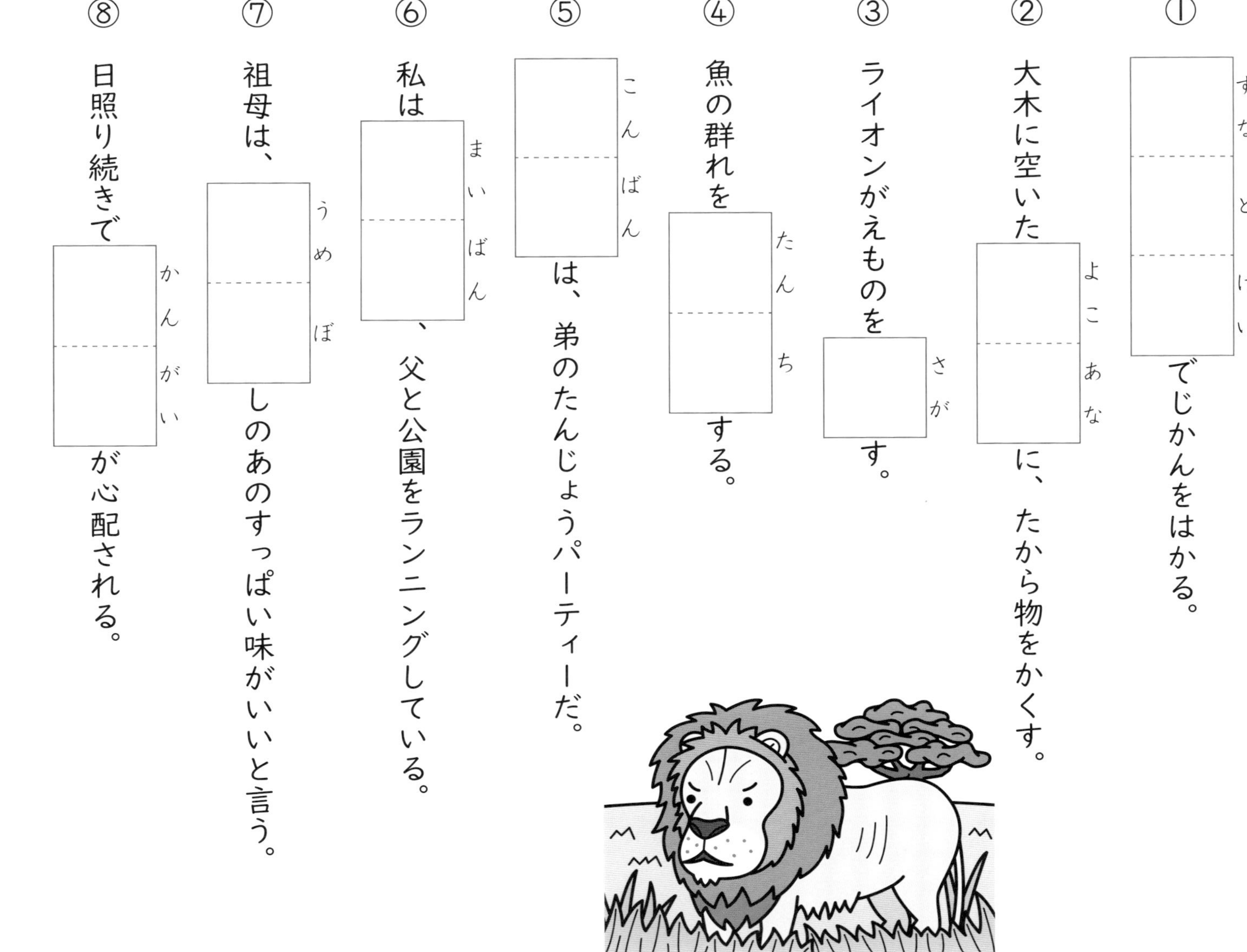

ヒント ❷ ⑦・⑧「ぼし」「かん」を「千」と書きまちがえないように注意しましょう。

きほんのドリル 21 川とノリオ (3)

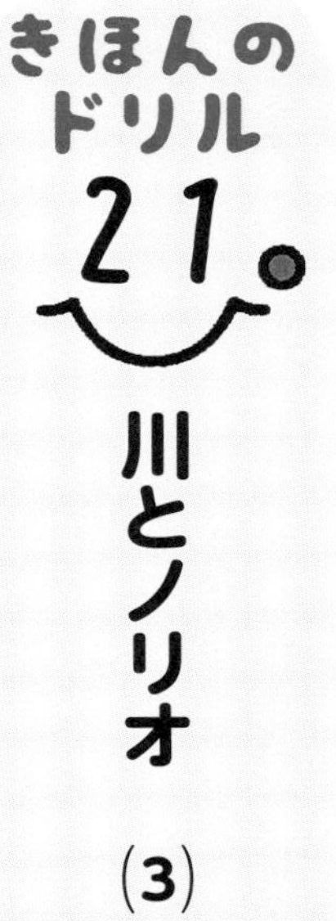

書いて覚えよう！

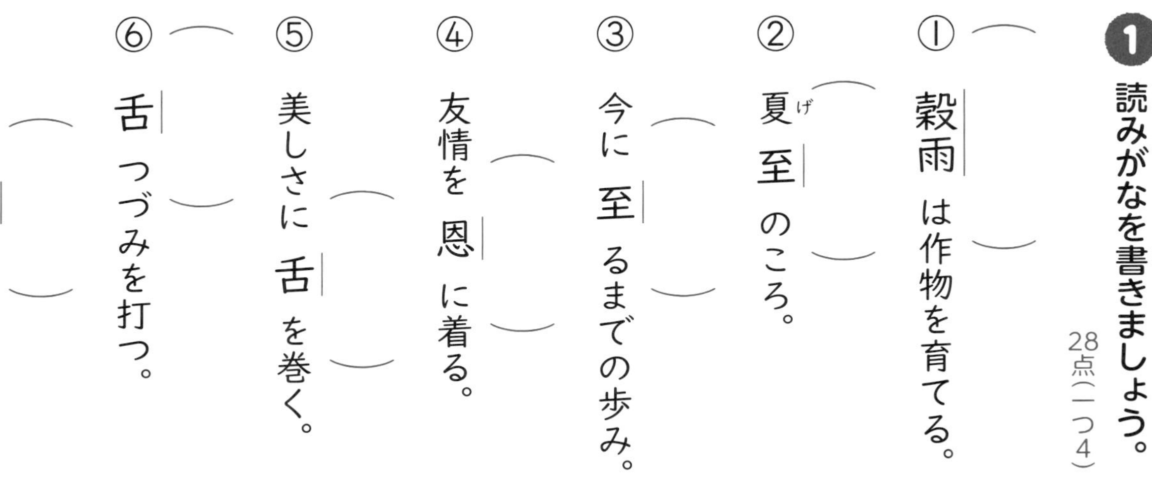

穀（教90ページ） コク　上にはねる　14画
穀雨（こくう）　穀倉地帯（こくそうちたい）　穀物（こくもつ）　雑穀（ざっこく）
のぎへん

至（教90ページ） シ　いたる　長く　6画
夏至（げし）　至急（しきゅう）　至難（しなん）　今に至る（いまにいたる）

恩（教90ページ） オン　「田」にしない　10画
恩に着る（おんにきる）　恩返し（おんがえし）　恩人（おんじん）
こころ

舌（教90ページ） した　つける　6画
舌を巻く（したをまく）　舌を出す（したをだす）　舌つづみ（したつづみ）
した

射（教90ページ） シャ　いる　はねる　10画
反射（はんしゃ）　注射（ちゅうしゃ）　発射（はっしゃ）　的を射る（まとをいる）
すん

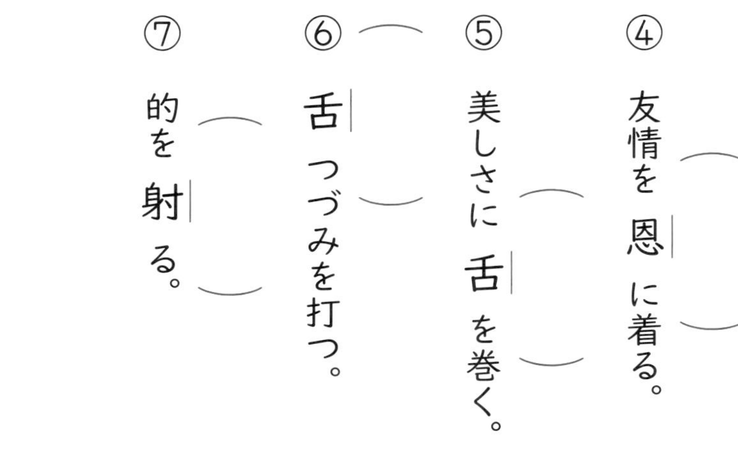

1 読みがなを書きましょう。　28点（一つ4）

① 穀雨（　　）は作物を育てる。

② 夏至（　　）のころ。

③ 今に至（　　）るまでの歩み。

④ 友情を恩（　　）に着る。

⑤ 美しさに舌（　　）を巻く。

⑥ 舌（　　）つづみを打つ。

⑦ 的を射（　　）る。

教科書 上69～91ページ

← 裏のページに続くよ！

2 あてはまる漢字を書きましょう。

72点（一つ9）

① 世界の［こくそうちたい］を、地図で調べる。

② ［しきゅう］の用事で家に帰る。

③ 台風で、道路が［いた］る所で通行止めだ。

④ ［おんがえ］しに何かプレゼントしたい。

⑤ 失敗して、ぺろっと［した］を出す。

⑥ 遠くの的を目がけて矢を［い］る。

⑦ 妹は病院で［ちゅうしゃ］をされて泣き出した。

⑧ ロケットの［はっしゃ］を見学する。

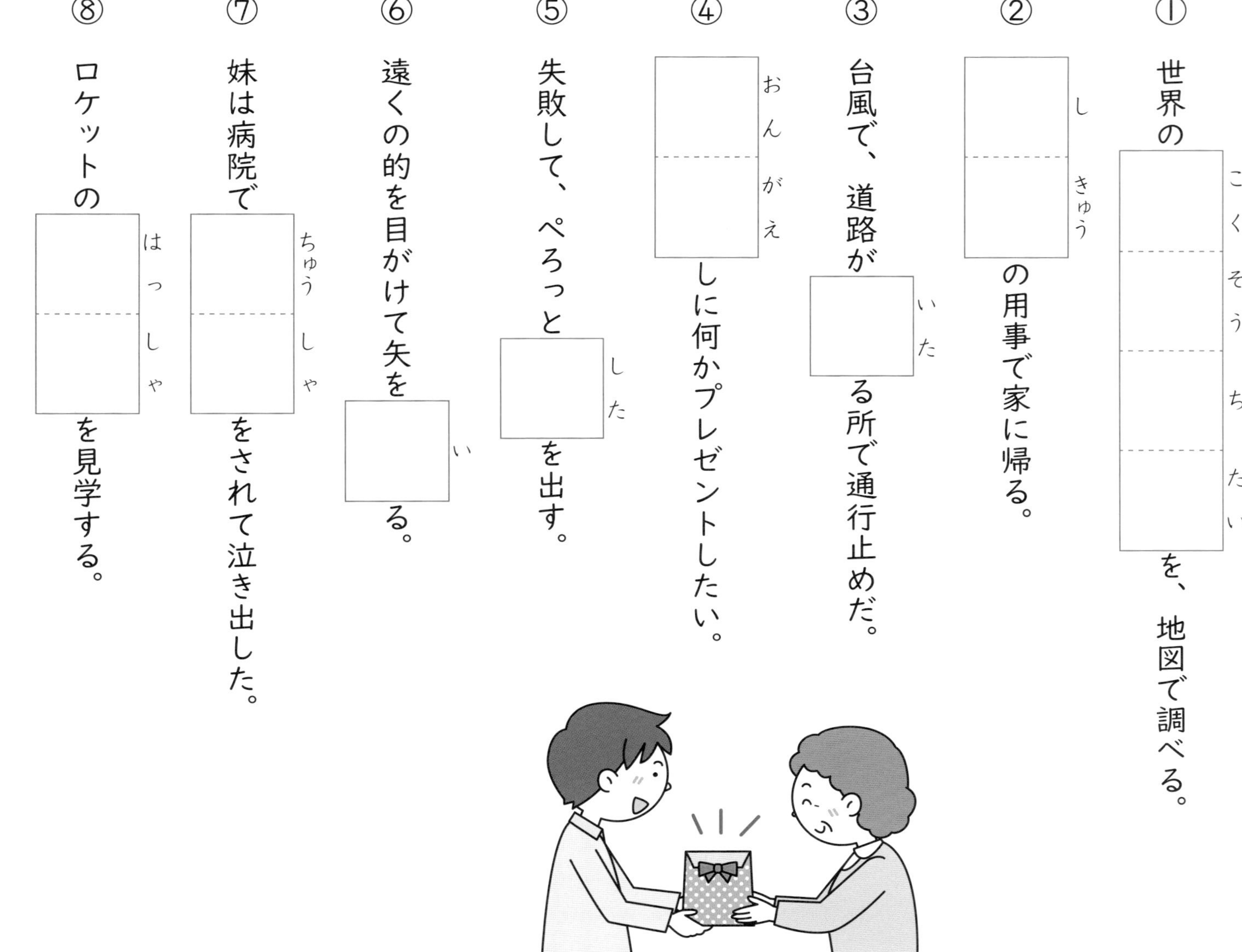

ヒント ② ①「こく」の「禾」を「木」と書かないようにしましょう。

きほんのドリル 22。 川とノリオ (4) 地域の施設を活用しよう

時間 15分 合格80点 /100

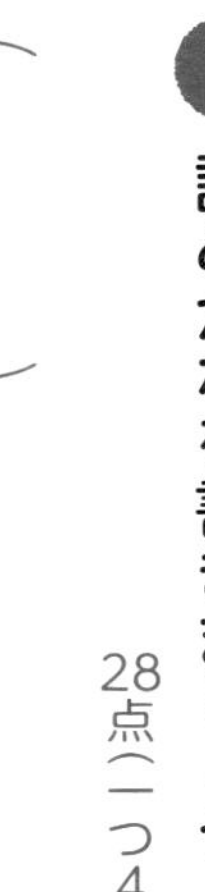

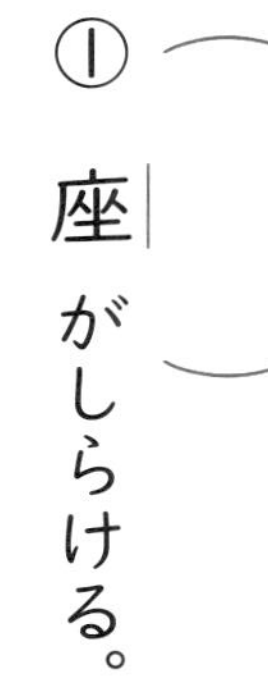

サクッとこたえあわせ 答え101ページ

月　日

書いて覚えよう！

教90ページ　座　ザ　（上へ長く）　10画
座がしらける　座席　星座　正座　（まだれ）

教90ページ　欲　ヨク　（はらう）　11画
欲に目がくらむ　食欲　意欲　（あくび／かける）

教93ページ　届　とどける　とどく　（出る）　8画
手紙を届ける　荷物が届く　（かばね／しかばね）

教93ページ　訪　ホウ　たずねる　（はねる）　11画
訪問　来訪　歴訪　友達を訪ねる　（ごんべん）

1 読みがなを書きましょう。 28点（一つ4）

① 座（　）がしらける。
② たたみに 正座（　）する。
③ 欲（　）に目がくらむ。
④ 食欲（　）がわく。
⑤ 手紙を 届（　）ける。
⑥ 外国を 訪問（　）する。
⑦ 友達を 訪（　）ねる。

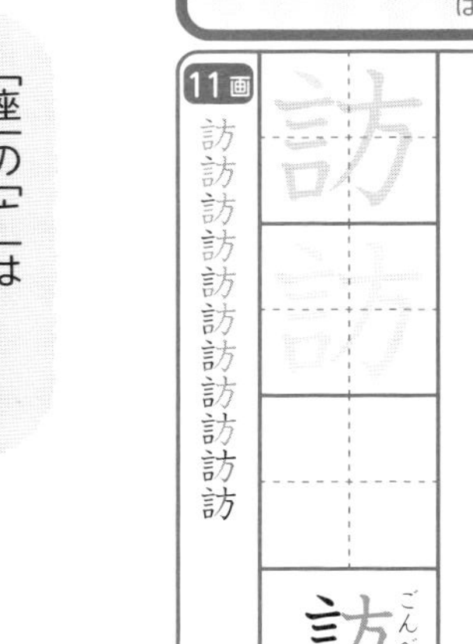

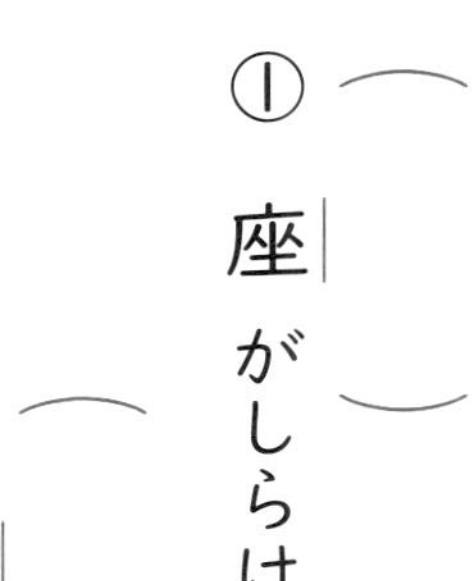

教科書 上 69〜93ページ

裏のページに続くよ！

2 あてはまる漢字を書きましょう。

72点（一つ9）

① 特急電車の［ざせき］を予約する。

② 高原で、夏の［せいざ］を観察する。

③ 一度成功すると［よく］が出てくるものだ。

④ 成績が上がると、勉強する［いよく］がわいてくる。

⑤ 朝早くに荷物を［とど］ける。

⑥ 故郷の祖母から小包が［とど］く。

⑦ 各地の名所を［たず］ねる。

⑧ 外国から父の友人が［らいほう］した。

ヒント 2 ⑤・⑥「とどける」「とどく」の「由」を「田」と書かないようにしましょう。

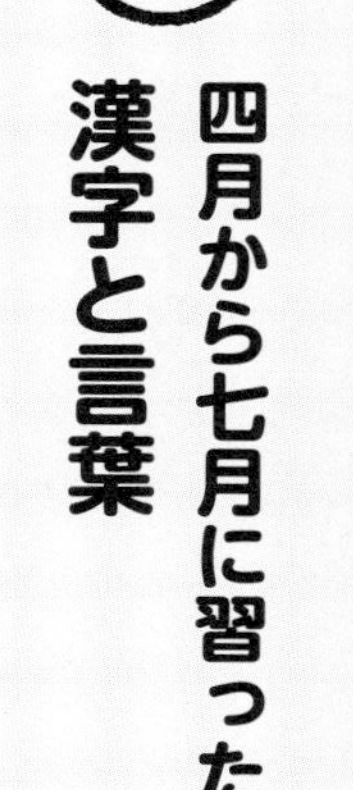
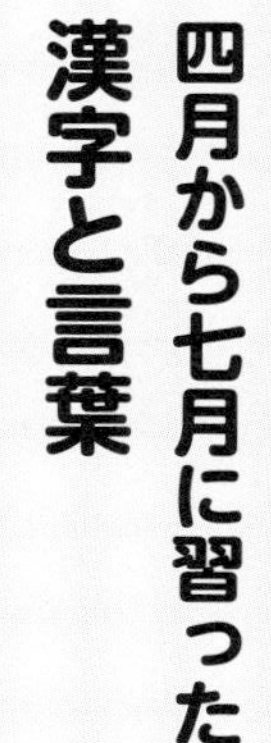

夏休みのホームテスト 23。 四月から七月に習った漢字と言葉

時間 20分
合格80点 /100
サクッとこたえあわせ
答え101ページ
月　日

1 漢字の読みがなを書きましょう。 16点(一つ2)

① 日暮（　　）れ時になる。

② 党首（　　）の演説。

③ 念入りに洗顔（　　）する。

④ 縦（　　）の長さ。

⑤ 演奏（　　）したい曲がある。

⑥ 乱雑（　　）な文章だ。

⑦ 説明を補（　　）う。

⑧ 畑に穴（　　）をほる。

2 あてはまる漢字を書きましょう。 24点(一つ3)

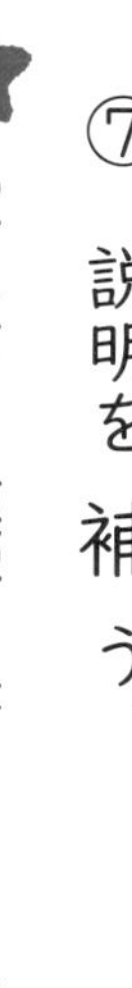

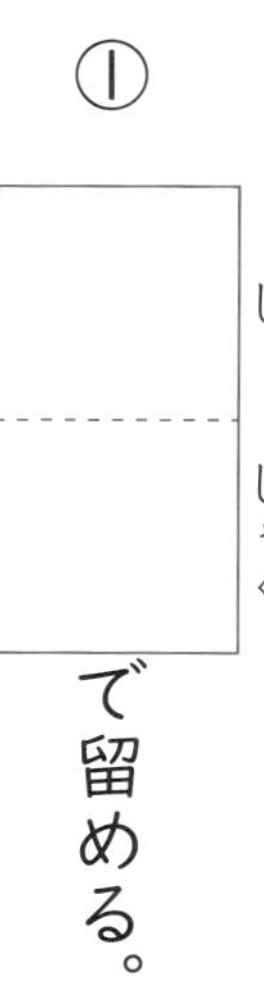
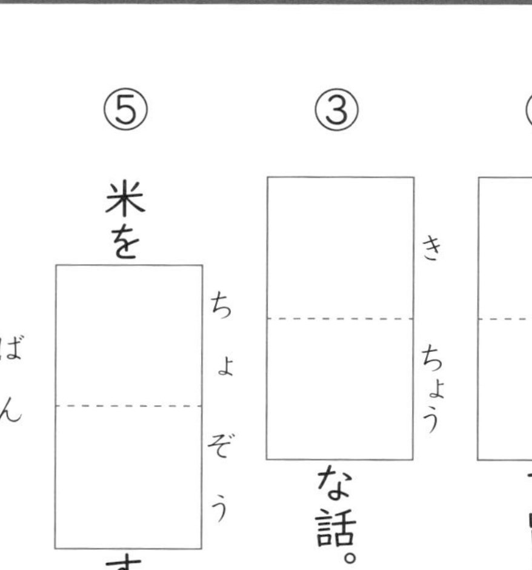
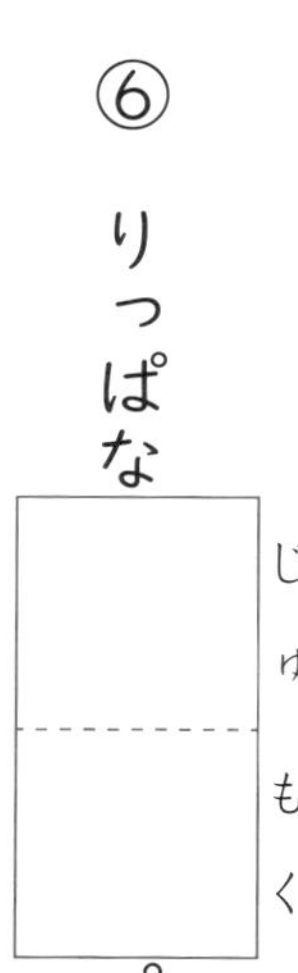
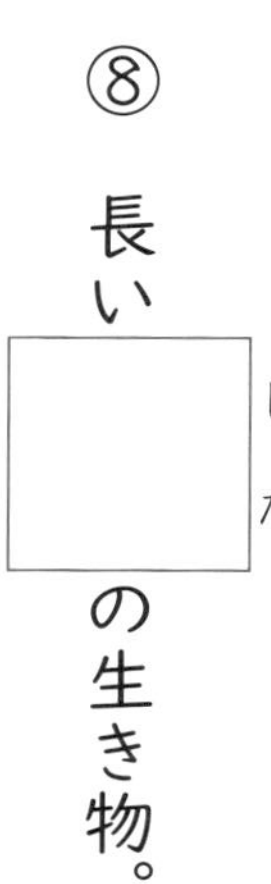

① □□（じしゃく）で留める。

② 足が□（ぼう）のようだ。

③ □□（きちょう）な話。

④ □□（きぼ）が大きい。

⑤ 米を□□（ちょぞう）する。

⑥ りっぱな□□（じゅもく）。

⑦ 明日の□（ばん）ご飯。

⑧ 長い□（した）の生き物。

← 裏のページに続くよ！

3 次の漢字の■には同じ部首が入ります。その部首を□に書き、部首名をあとから選んで記号を（　）に書きましょう。 24点（一つ3）

① ■夅　■皆　■昜　■方　■余　□（　　）
② 𠂔■　貝■　害■　干■　半■　□（　　）
③ ■合　■広　■罙　■殳　■支　□（　　）
④ ■間　■官　■巩木　■肋　■束　□（　　）

ア　てへん　イ　たけかんむり　ウ　こざとへん　エ　りっとう

4 次の□に共通してあてはまる漢字を書きましょう。 24点（一つ3）

① □画・□像・上□　□
② □発・□気・□留　□
③ □軍・大□・□来　□
④ □議・□理・結□　□
⑤ 意□・□求・□望　□
⑥ □雪・□去・□外　□
⑦ 地□・海□・区□　□
⑧ □真・単□・□白　□

5 次の上と下の——線の熟語は同じ読み方をします。□に入る漢字を書きましょう。 12点（一つ3）

① 機器—□機を救う。　□
② 高校—□行な子。　□
③ 交代—後□する。　□
④ 見当—検□する。　□

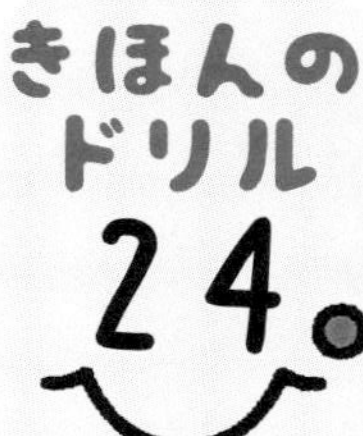

聞かせて！「とっておき」の話
「知恵の言葉」を集めよう
あなたは作家 (1)

月　日

書いて覚えよう！

班（はらう）	ハン	10画	班班班班班班班班班班	王（おうへん・たまへん）	三班（さんぱん）　班長（はんちょう）　となりの班（はん）	教96ページ
痛（はねる）	ツウ／いたい・いたむ・いためる	12画	痛痛痛痛痛痛痛痛痛痛痛痛	疒（やまいだれ）	頭痛（ずつう）　痛快（つうかい）　痛（いた）みをこらえる	教101ページ
装（下を短く）	ソウ	12画	装装装装装装装装装装装装	衣（ころも）	服装（ふくそう）　装置（そうち）　仮装（かそう）　改装（かいそう）	教103ページ

1 読みがなを書きましょう。 28点（一つ4）

① 三班（　　）が当番になる。

② 班（　　）の意見をまとめる。

③ 頭痛（　　）が治まる。

④ 痛（　　）みをこらえる。

⑤ 足首を痛（　　）める。

⑥ 服装（　　）を整える。

⑦ 店を改装（　　）する。

教科書 上96～107ページ

裏のページに続くよ！

2 あてはまる漢字を書きましょう。

72点（一つ9）

① 修学旅行の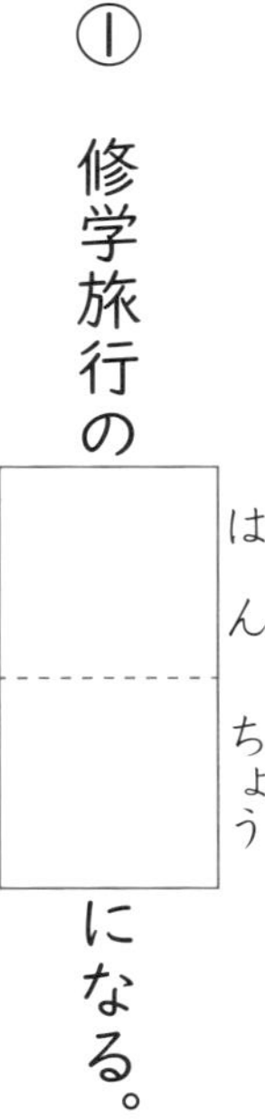（はんちょう）になる。

② 私のクラスには、六つの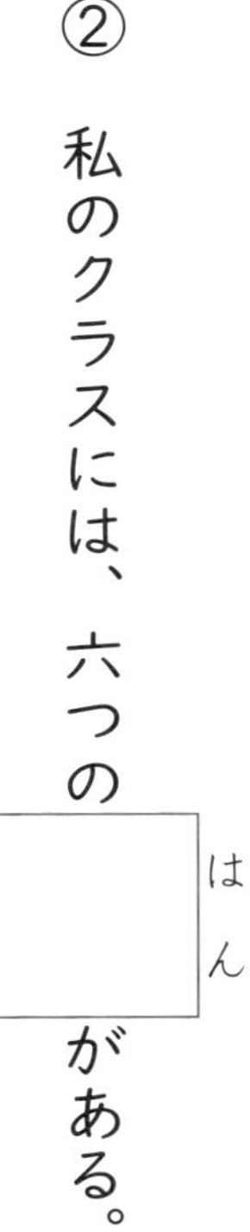（はん）がある。

③ 人の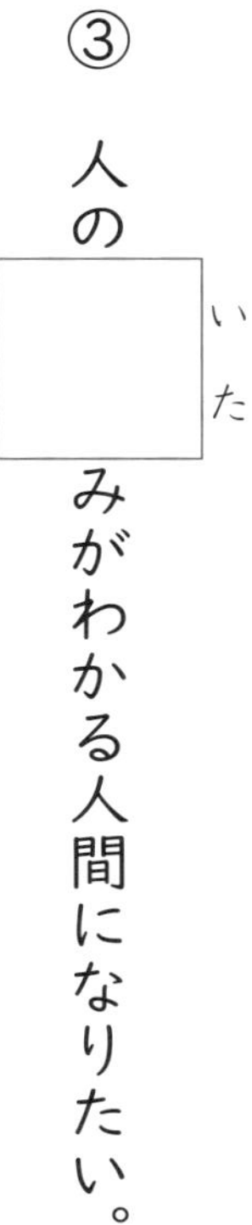（いた）みがわかる人間になりたい。

④ 少年が活やくする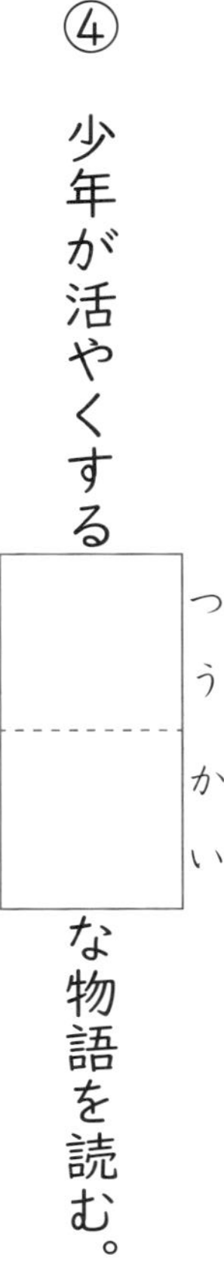（つうかい）な物語を読む。

⑤ 悲しい知らせに心が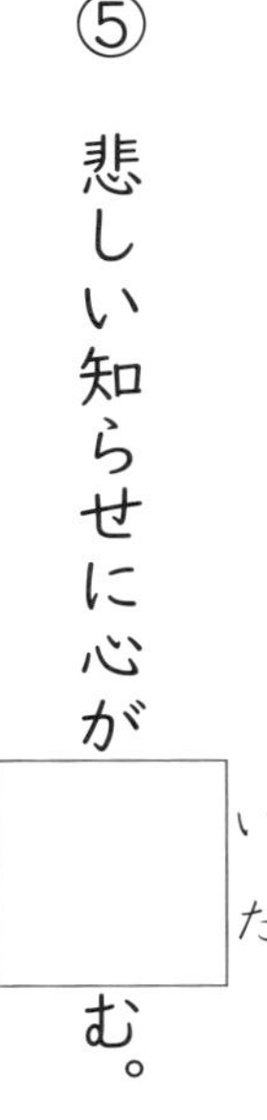（いた）む。

⑥ 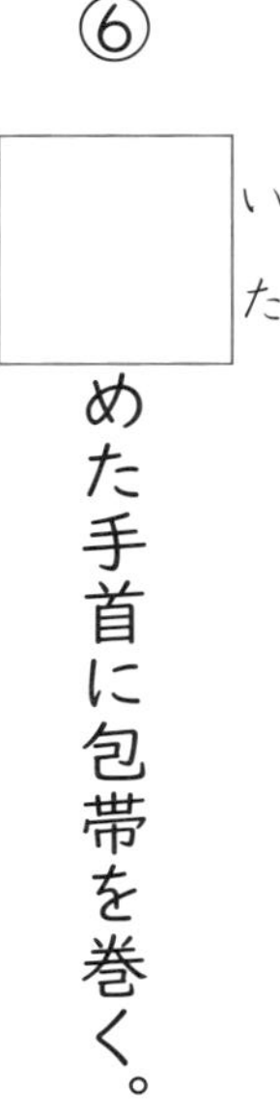（いた）めた手首に包帯を巻く。

⑦ ガスの警報（そうち）を取りつける。

⑧ 校内の（かそう）大会に参加する。

ヒント 2 ⑦・⑧「そう」は1～3画目の筆順に注意しましょう。

あなたは作家 (2)
なぜ、わかり合えなかったのかな？

書いて覚えよう！

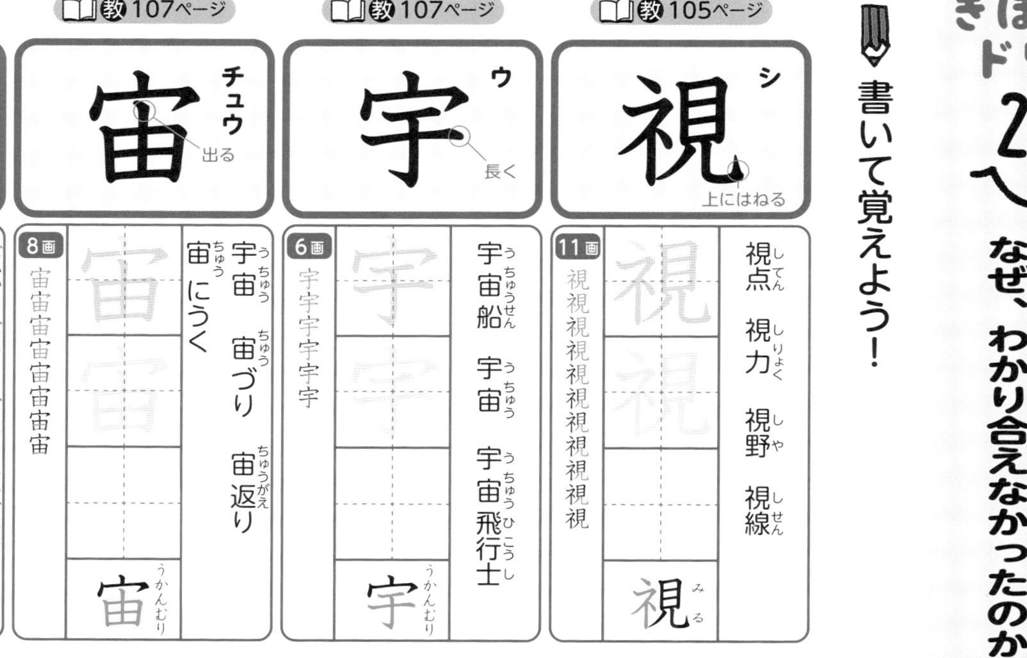

1 読みがなを書きましょう。 28点（一つ4）

① 視点を変える。（　　）

② 視線を感じる。（　　）

③ 宇宙飛行士になりたい。（　　）

④ 宙返りして着地する。（　　）

⑤ 誤解を解く。（　　）

⑥ 誤差が生じる。（　　）

⑦ うっかりと読み誤る。（　　）

「宇」の最終画は、「はねて」書きましょう。

「誤」の「呉」の部分は筆順をまちがえやすいよ。

教科書 上 102～111ページ

← 裏のページに続くよ！

2 あてはまる漢字を書きましょう。

72点（1つ9）

① 医者から、［しりょく］が回復するまで無理は禁物と言われた。

② ［しや］を広げるために読書を始める。

③ ［うちゅうせん］に乗ってみたい。

④ 的を［ちゅう］づりにして矢で射る。

⑤ 資料の［ごじ］を修正する。

⑥ 巻末に［せいごひょう］を入れる。

⑦ ぼうっとして標識を見［あやま］る。

⑧ 文章の［あやま］りに気づく。

ヒント ❷ ⑤〜⑧「ご」「あやまる」「あやまり」の11画目は一画で書きましょう。

きほんのドリル 26。 熟語（じゅく）の使い分け

時間 15分

合格80点

/100

サクッとこたえあわせ

答え 101ページ

月　日

書いて覚えよう！

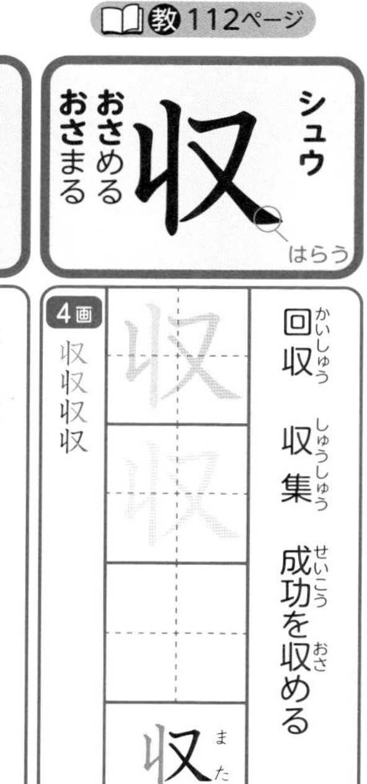

教 112ページ

収 シュウ　おさめる　おさまる

はらう

回収（かいしゅう）　収集（しゅうしゅう）　成功（せいこう）を収（おさ）める

また 収

4画 収 収 収 収

教 113ページ

冊 サツ

出る

冊数（さっすう）　別冊（べっさつ）　冊子（さっし）　分冊（ぶんさつ）

どうがまえ　けいがまえ 冊

5画 冊 冊 冊 冊 冊

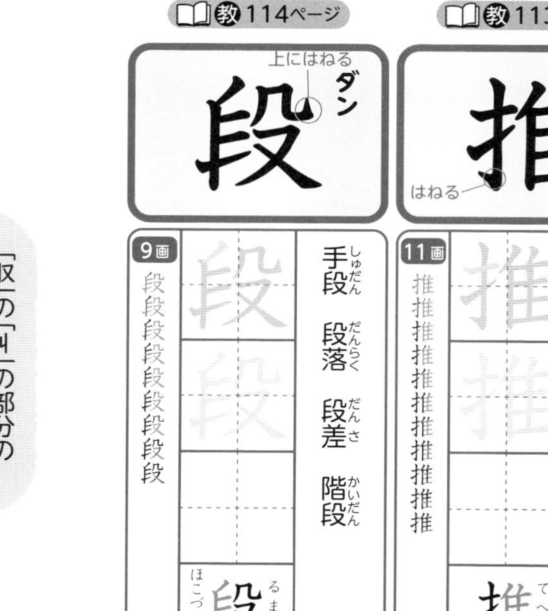

教 113ページ

推 スイ

はねる

推測（すいそく）　推定（すいてい）　推移（すいい）　推理（すいり）

てへん 推

11画 推 推 推 推 推 推 推 推 推 推 推

教 114ページ

段 ダン

上にはねる

手段（しゅだん）　段落（だんらく）　段差（だんさ）　階段（かいだん）

るまた　ほこづくり 段

9画 段 段 段 段 段 段 段 段 段

1 読みがなを書きましょう。

28点（一つ4）

① びんを回収する。（　　）

② 成功を収める。（　　）

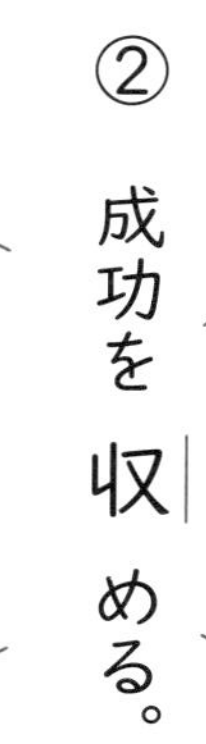

③ 本の冊数を数える。（　　）

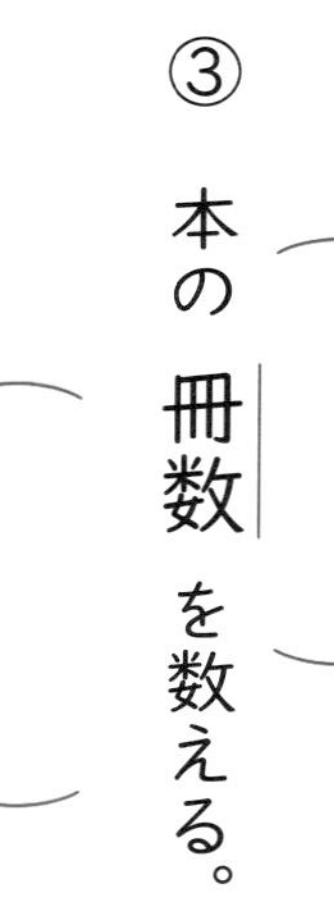

④ 出席者に冊子を配る。（　　）

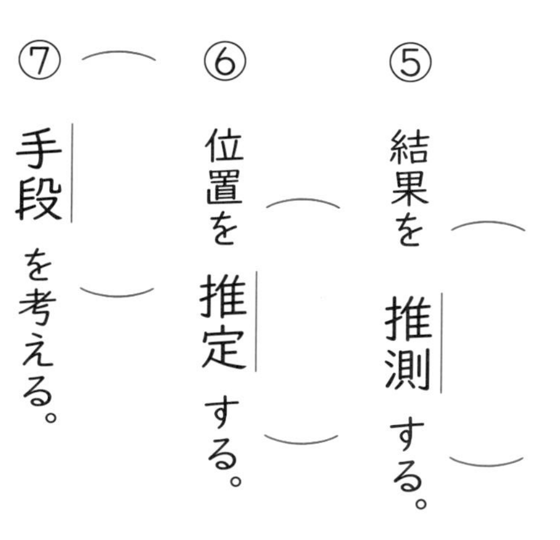

⑤ 結果を推測する。（　　）

⑥ 位置を推定する。（　　）

⑦ 手段を考える。（　　）

「収」の「ㄐ」の部分の筆順に注意しよう。

教科書 上 112〜114ページ

裏のページに続くよ！

2 あてはまる漢字を書きましょう。

72点（一つ9）

① おじさんは、切手を［しゅうしゅう］している。

② 十年たって、両国の争いを［おさ］める条約がまとまった。

③ この参考書は、資料が［べっさつ］になっている。

④ ［さっし］を無料で配る。

⑤ 市の人口の［すいい］をグラフで表す。

⑥ 事件の犯人を［すいり］する。

⑦ 論説文の要点を［だんらく］ごとに読み取る。

⑧ 歩道の［だんさ］に注意して歩く。

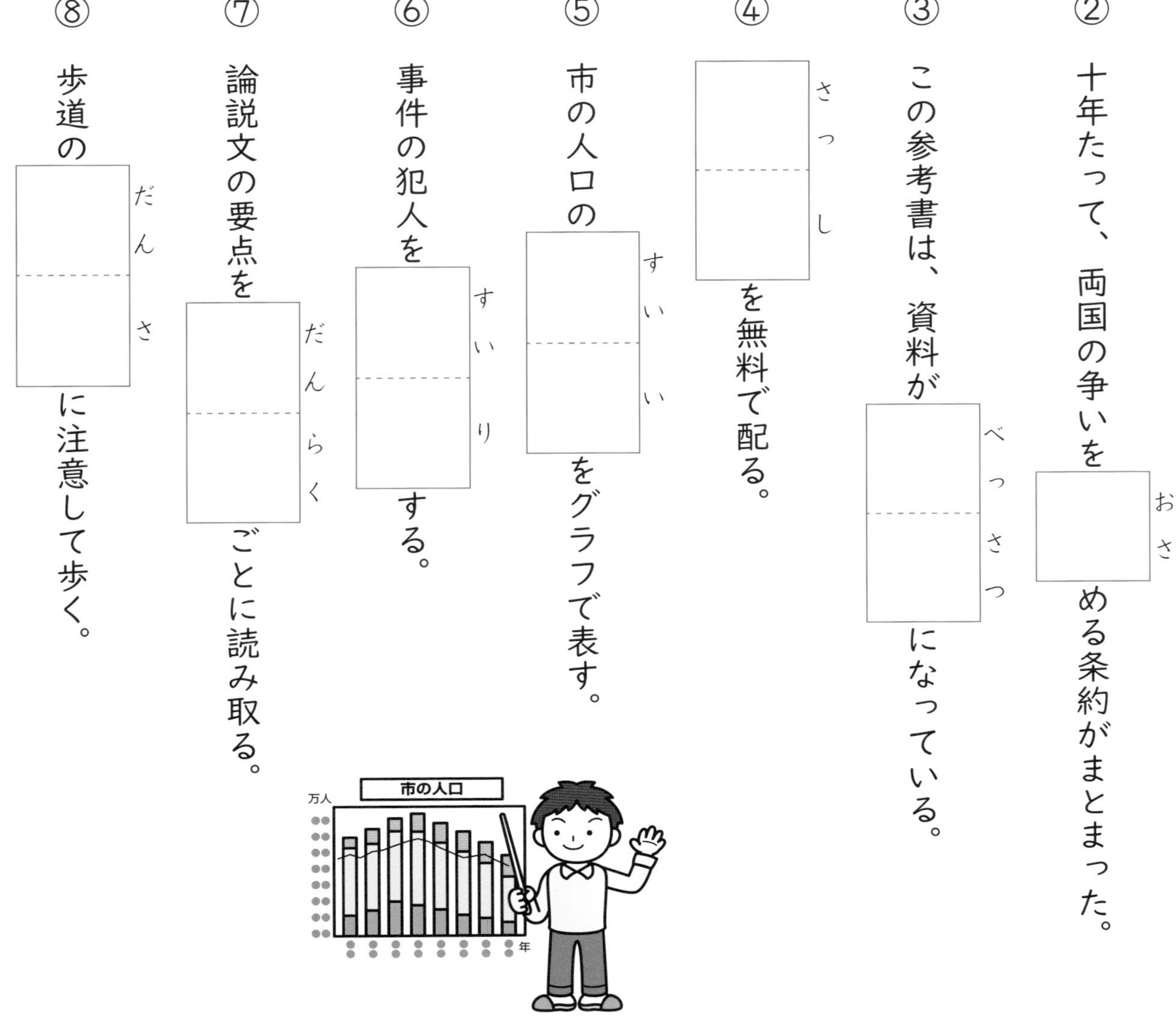

ヒント 2 ③・④「さつ」の5画目は左右につき出して書きましょう。

きほんのドリル 27 きつねの窓(まど) (1)

時間15分 合格80点 /100

答え101ページ

月　日

書いて覚えよう！

窓（教8ページ）ソウ まど　11画
つける
同窓会(どうそうかい)　車窓(しゃそう)　小(ちい)さい窓(まど)　窓口(まどぐち)
部首：あなかんむり

染（教11ページ）そめる そまる　9画
「丸」にしない
染(そ)め物(もの)　草木染(くさきぞ)め　赤(あか)く染(そ)まる
部首：き

看（教11ページ）カン　9画
はらう
看板(かんばん)　看病(かんびょう)　看護(かんご)
部首：め

胸（教12ページ）キョウ むね　10画
はねる
度胸(どきょう)　胸囲(きょうい)　胸(むね)を打(う)つ
部首：にくづき

派（教12ページ）ハ　9画
とめる
立派(りっぱ)　派出所(はしゅつじょ)　流派(りゅうは)　特派員(とくはいん)
部首：さんずい

1 読みがなを書きましょう。
28点(一つ4)

① 同窓会（　　）に出席する。
② 小さい窓（　　）の家。
③ 染（　　）め物をたのむ。
④ 空が赤く染（　　）まる。
⑤ 看板（　　）を立てる。
⑥ 胸（　　）を打つ話を聞く。
⑦ 立派（　　）なビルが建つ。

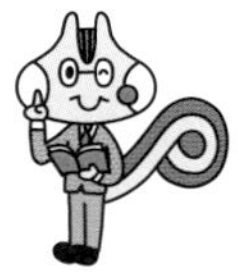

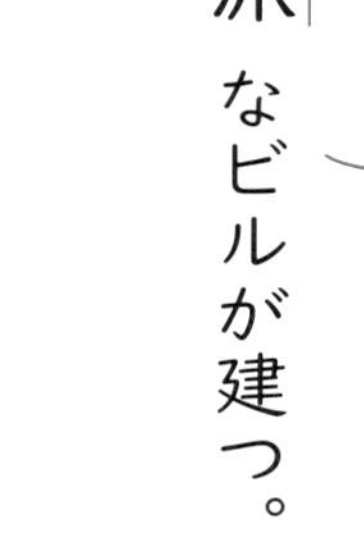

裏のページに続くよ！

2 あてはまる漢字を書きましょう。

72点（一つ9）

① 銀行の［まどぐち］を利用する。

② バスの［しゃそう］から景色をながめる。

③ 夕焼けが西の空を赤く［そ］める。

④ 傷ついた人を［かんびょう］する。

⑤ ［むね］の中にそっとしまっておく。

⑥ かれはさすがに［どきょう］のすわった人だ。

⑦ 駅までの道順を［はしゅつじょ］でたずねる。

⑧ 茶道（さどう）にはいくつかの［りゅうは］がある。

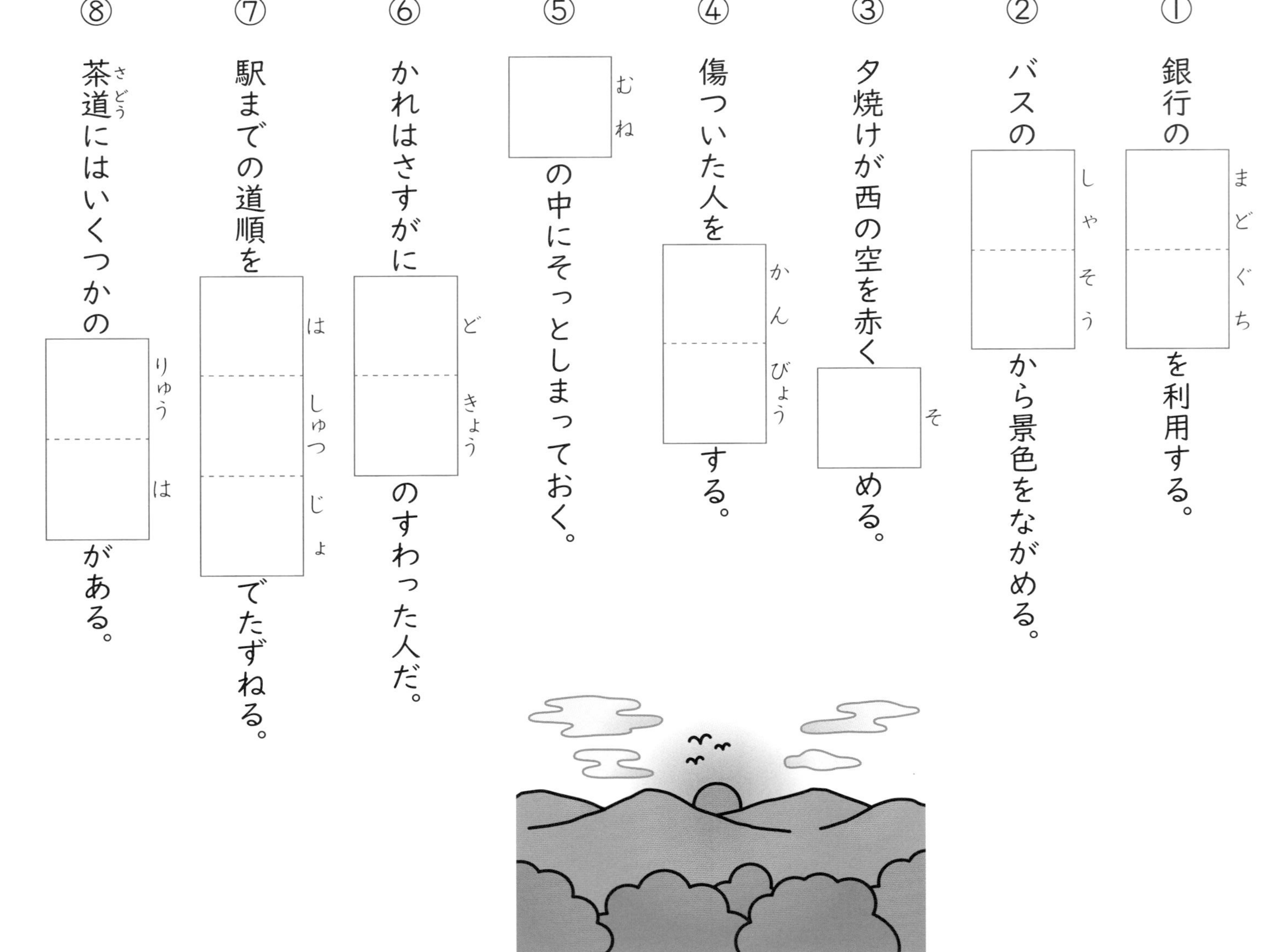

ヒント 2 ④「かん」の1画目は右から左にはらって書くことに注意しましょう。

きほんのドリル 28。

きつねの窓（まど） (2)

時間 15分　合格80点　/100

サクッとこたえあわせ　答え 102ページ

月　日

書いて覚えよう！

敵（教13ページ）　テキ　15画
「又」にしない
素敵（すてき）　無敵（むてき）　強敵（きょうてき）　宿敵（しゅくてき）
部首：攵（のぶん・ぼくづくり）
敵 敵 敵 敵 敵 敵 敵 敵 敵 敵 敵 敵 敵 敵 敵

腹（教13ページ）　フク　はら　13画
はねる
空腹（くうふく）　満腹（まんぷく）　腹（はら）が立（た）つ
部首：月（にくづき）
腹 腹 腹 腹 腹 腹 腹 腹 腹 腹 腹 腹 腹

激（教17ページ）　ゲキ　はげしい　16画
はねる
感激（かんげき）　激増（げきぞう）　激（はげ）しい運動（うんどう）
部首：氵（さんずい）
激 激 激 激 激 激 激 激 激 激 激 激 激 激 激 激

銭（教19ページ）　セン　14画
上にはねる
一銭（いっせん）　金銭（きんせん）　銭湯（せんとう）　古銭（こせん）
部首：金（かねへん）
銭 銭 銭 銭 銭 銭 銭 銭 銭 銭 銭 銭 銭 銭

困（教20ページ）　コン　こまる　7画
はらう
困苦（こんく）　困難（こんなん）　返事（へんじ）に困（こま）る
部首：囗（くにがまえ）
困 困 困 困 困 困 困

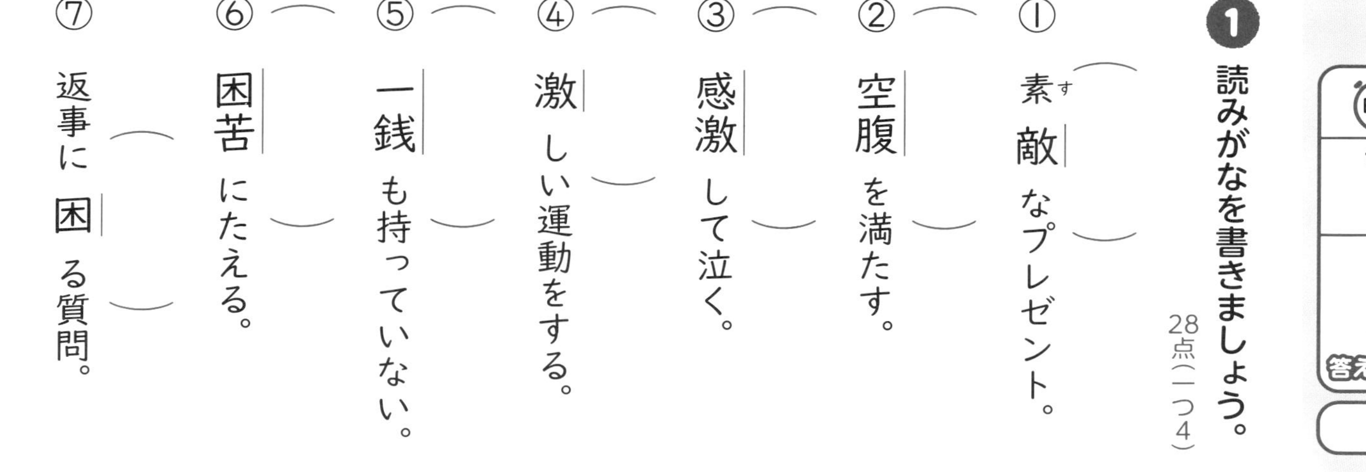

1 読みがなを書きましょう。　28点（一つ4）

① 素（す）敵（　　）なプレゼント。

② 空腹（　　）を満たす。

③ 感激（　　）して泣く。

④ 激（　　）しい運動をする。

⑤ 一銭（　　）も持っていない。

⑥ 困苦（　　）にたえる。

⑦ 返事に困（　　）る質問。

← 裏のページに続くよ！

2 あてはまる漢字を書きましょう。

72点（一つ9）

① □□（むてき）と言われたチームがついに敗れた。

② □（はら）をかかえて笑う。

③ 半分しか食べていないのに□□（まんぷく）になった。

④ 交通の便が良くなって、人口が□□（げきぞう）する。

⑤ 大雨のあとは、川の流れが□（はげ）しい。

⑥ 家の近くの□□（せんとう）に行く。

⑦ 大切な物が見つからずに□（こま）る。

⑧ いくつもの□□（こんなん）を乗りこえて頂（ちょう）上にたどり着く。

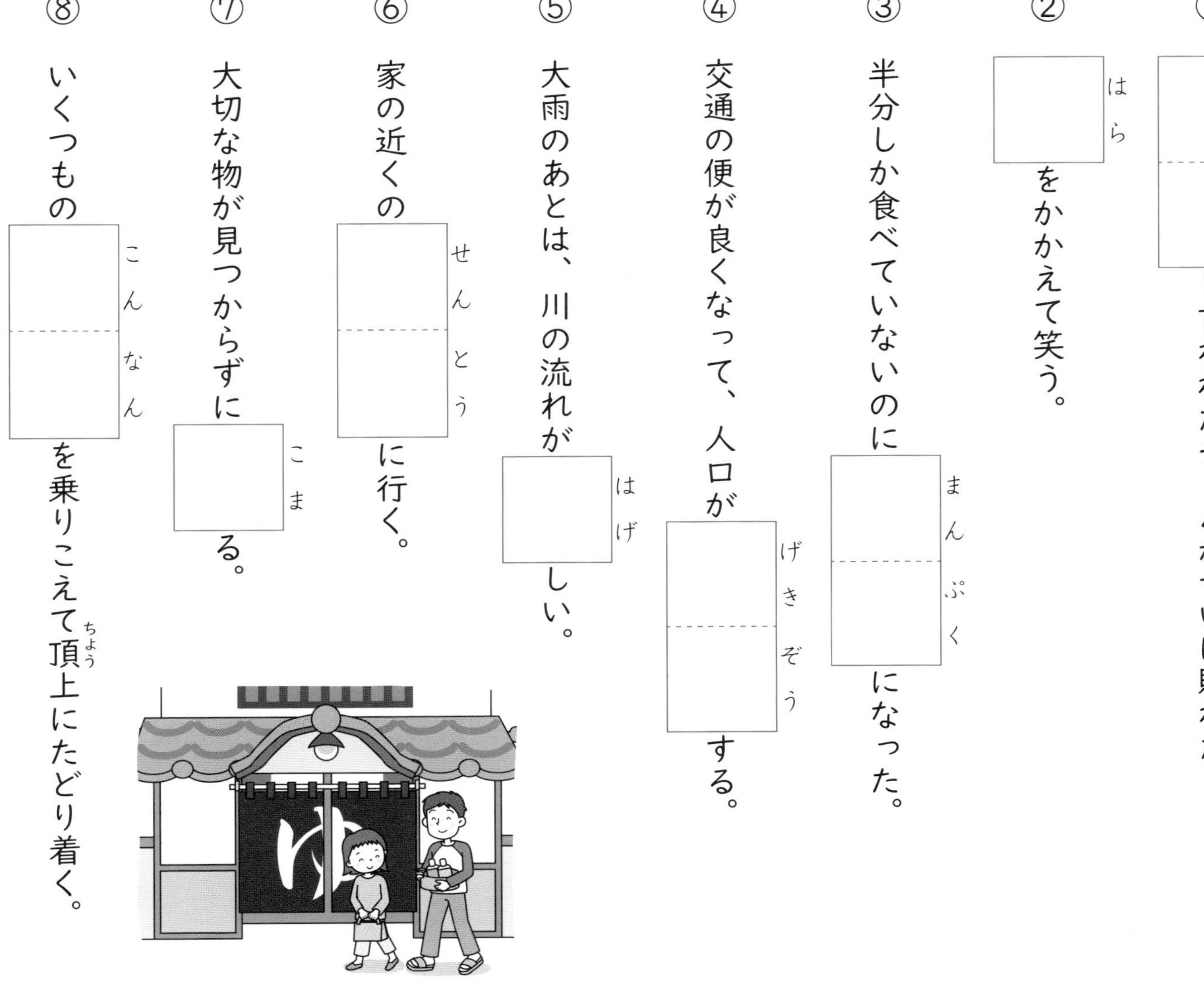

ヒント 2 ①「てき」を「適」と書かないようにしましょう。

きほんのドリル 29。

きつねの窓（まど） (3)

書いて覚えよう！

忘（教 24ページ）わすれる　とめる
7画　忘忘忘忘忘忘忘
部首：忘（こころ）
かさを忘（わす）れる　忘（わす）れ物（もの）

絹（教 28ページ）きぬ　とめる
13画　絹絹絹絹絹絹絹絹絹絹絹絹絹
部首：絹（いとへん）
絹織物（きぬおりもの）　絹糸（きぬいと）　絹製品（きぬせいひん）

俵（教 28ページ）たわら　ヒョウ　おれてはねる
10画　俵俵俵俵俵俵俵俵俵俵
部首：俵（にんべん）
土俵（どひょう）　二俵（にひょう）　米俵（こめだわら）　炭俵（すみだわら）

株（教 28ページ）かぶ　とめる
10画　株株株株株株株株株株
部首：株（きへん）
株主（かぶぬし）　株式会社（かぶしきがいしゃ）　切（き）り株（かぶ）

骨（教 28ページ）ほね　コツ　はねる
10画　骨骨骨骨骨骨骨骨骨骨
部首：骨（ほね）
骨折（こっせつ）　鉄骨（てっこつ）　骨休（ほねやす）め　背骨（せぼね）

1 読みがなを書きましょう。 28点（一つ4）

① 学校にかさを 忘 れる。（　）

② 絹織物 を生産する。（　）

③ すもうの 土俵 。（　）

④ 米俵 をかつぐ。（　）

⑤ 会社の 株主 。（　）

⑥ 小指を 骨折 する。（　）

⑦ 骨休 めをする。（　）

← 裏のページに続くよ！

2 あてはまる漢字を書きましょう。

72点（一つ8）

① あわてていて、もう少しで［わす］れ物をするところだった。

② ［きぬいと］をより合わせてししゅうをする。

③ ［きぬせいひん］を輸出する。

④ ［にひょう］の［すみだわら］をトラックに積む。

⑤ ［かぶしきがいしゃ］の役員。

⑥ つかれたので、切り［かぶ］にすわる。

⑦ ［せぼね］のレントゲン写真をとる。

⑧ 二十階建ての［てっこつ］のビルが建つ。

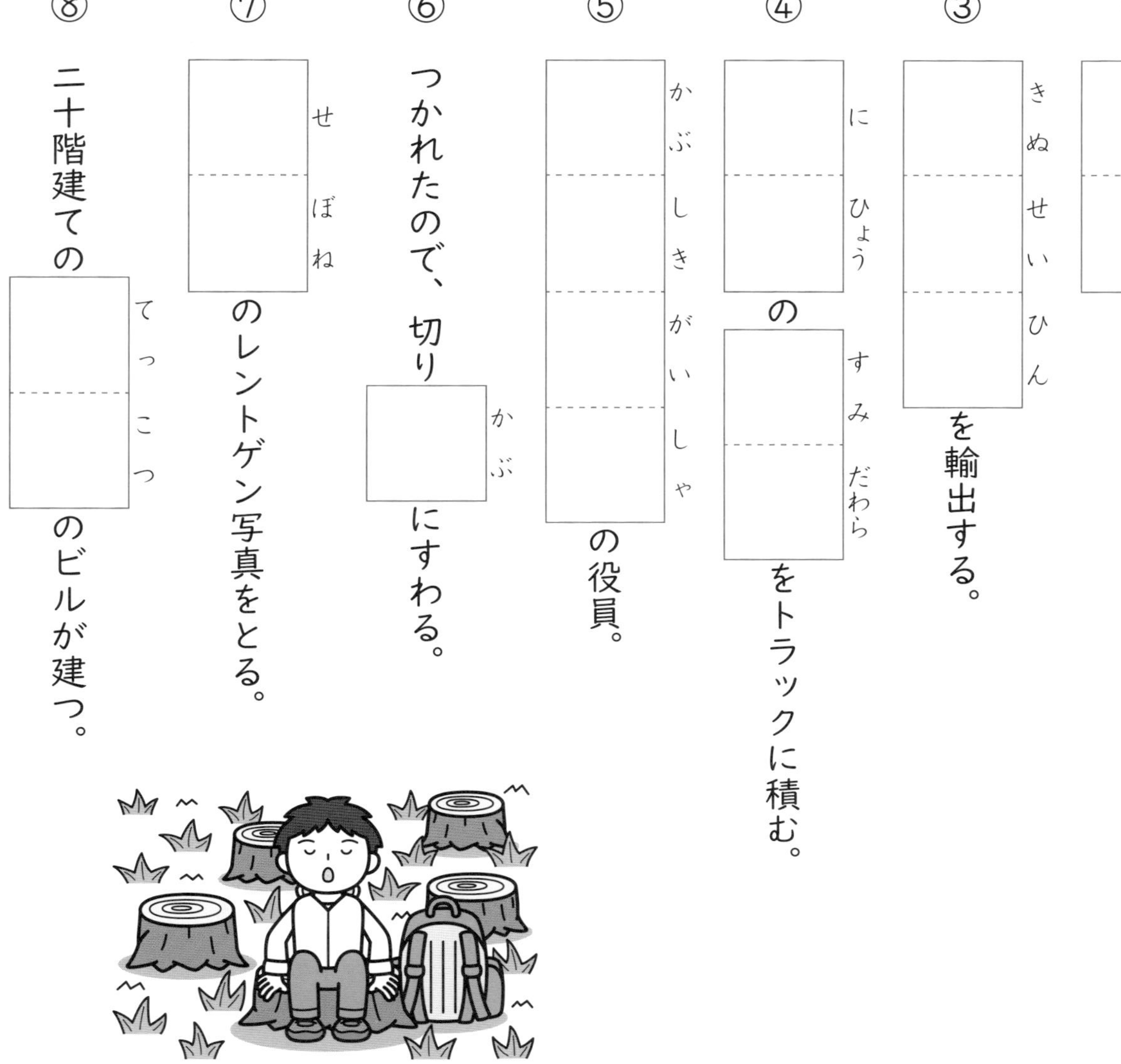

ヒント ❷⑦・⑧「ぼね」「こつ」の3・4画目の筆順に注意しましょう。

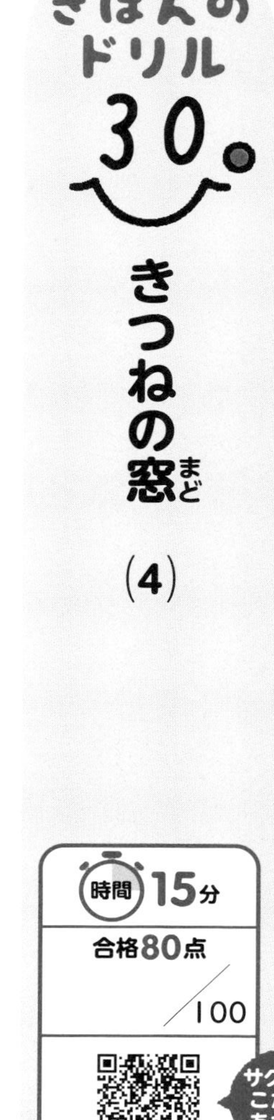

きつねの窓(まど) (4)

書いて覚えよう！

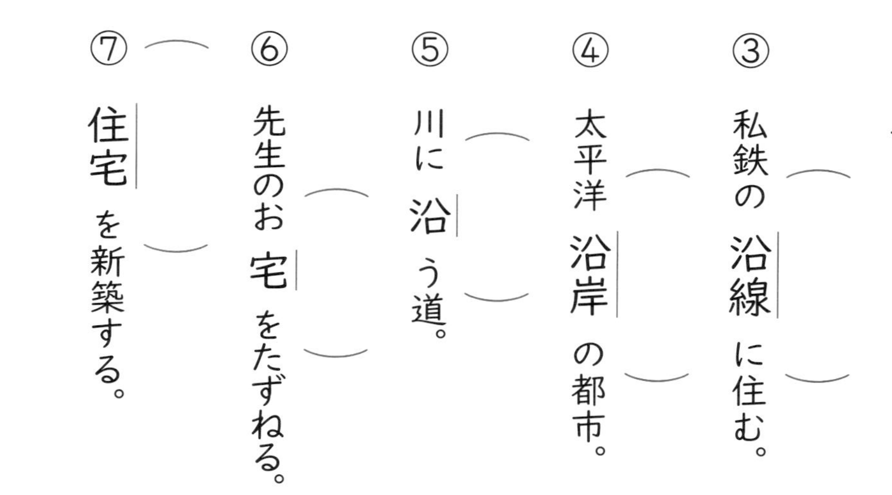

教 28ページ

蚕 サン かいこ

10画 蚕蚕蚕蚕蚕蚕蚕蚕蚕蚕

養蚕業(ようさんぎょう)　養蚕(ようさん)　蚕(かいこ)を飼(か)う

部首：虫(むし)

教 28ページ

沿 エン そう

8画 沿沿沿沿沿沿沿沿

沿線(えんせん)　沿岸(えんがん)　沿海(えんかい)　沿道(えんどう)　海(うみ)に沿(そ)う

部首：氵(さんずい)

教 28ページ

宅 タク

6画 宅宅宅宅宅宅

住宅(じゅうたく)　帰宅(きたく)　宅配便(たくはいびん)　在宅(ざいたく)　宅地(たくち)

部首：宀(うかんむり)

「蚕」は「『天』の『虫』」と覚えよう。

「沿」の「氵」を「冫」とまちがえないでね。

1 読みがなを書きましょう。 28点(一つ4)

① 養蚕業（　　）を営む。

② 蚕（　　）を飼う。

③ 私鉄の沿線（　　）に住む。

④ 太平洋沿岸（　　）の都市。

⑤ 川に沿（　　）う道。

⑥ 先生のお宅（　　）をたずねる。

⑦ 住宅（　　）を新築する。

裏のページに続くよ！

2 あてはまる漢字を書きましょう。

72点（一つ9）

① 昔は、［ようさん］を営む農家が多かった。

② ［かいこ］のえさにくわの葉をやる。

③ 東北ち方［えんかい］の漁村。

④ ［えんどう］でマラソンの応えんをする。

⑤ うみに［そ］うように線路が続いている。

⑥ 父はだいたい七時には［きたく］する。

⑦ 先生の［ざいたく］時間に合わせて訪問する。

⑧ 田んぼを［たくち］に造成する。

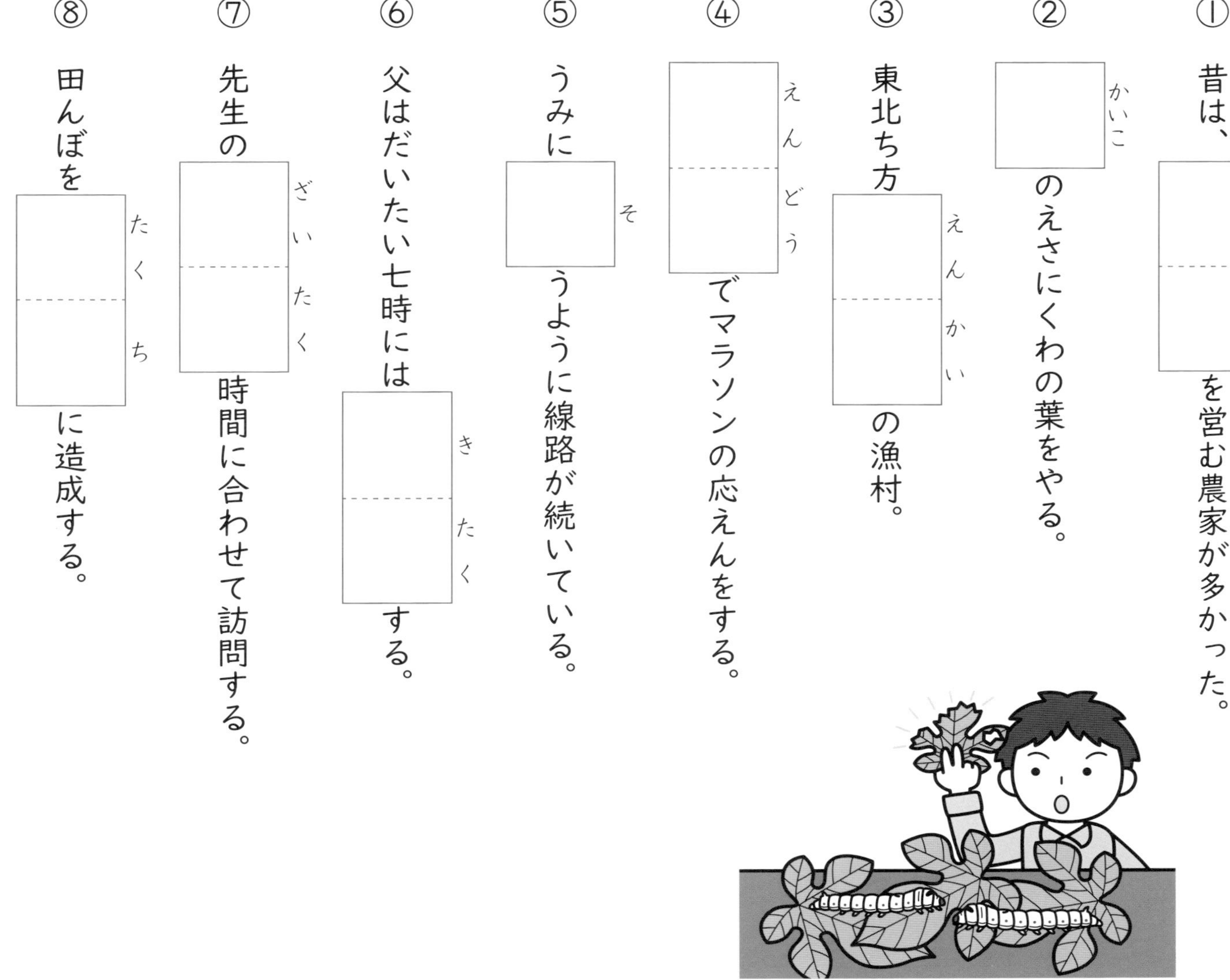

ヒント ２ ⑥〜⑧「たく」の最終画は「はねて」書くことに注意しましょう。

まとめのドリル 31 聞かせて！「とっておき」の話 ～きつねの窓～

1 漢字の読みがなを書きましょう。　48点（一つ4）

① 蚕（　）の世話をするのは父の役目だ。

② 草木染（　）めの教室に通う。

③ 旅先で病気になり困（　）り果てた。

④ 小さな切り株（　）につまずいて転んでしまった。

⑤ 倉庫に米俵（　）を積む。

⑥ ぎゅうにゅうを班（　）ごとに配る。

⑦ 推理（　）小説の貸し出し冊数（　）が増える。

⑧ 銭湯（　）に来たのにタオルを忘（　）れてしまった。

⑨ 私鉄の沿線（　）に住宅（　）が建ち並ぶ。

教科書 上96～下29ページ

← 裏のページに続くよ！

2 あてはまる漢字を書きましょう。

52点（一つ4）

① 季節に合わせて【ふくそう】を変える。

② 【うちゅう】に関する研究が進歩する。

③ 【きぬ】でできたネクタイをしめる。

④ 屋上への【かいだん】は立ち入り禁止だ。

⑤ 主人公の活やくが【つうかい】な物語だった。

⑥ 学校の【まど】からレストランの【かんばん】が見える。

⑦ 【きょうてき】に【むね】を借りるつもりで試合にのぞむ。

⑧ 【せばね】と【はら】の検査をする。

⑨ 【りっぱ】な行いに【かんげき】する。

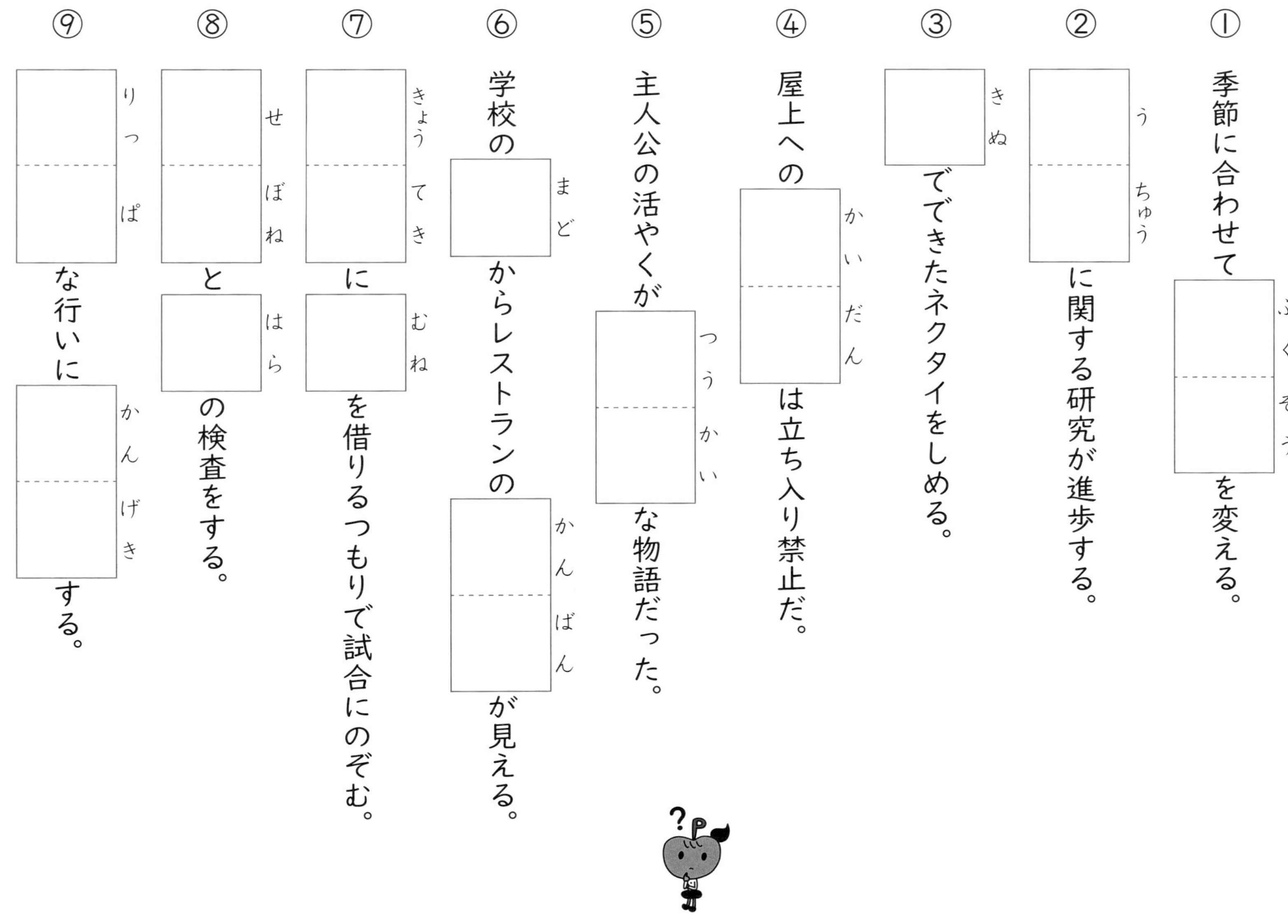

十二歳(さい)の主張

書いて覚えよう!

疑 教38ページ
ギ　うたがう（上にはねる）
14画
疑問(ぎもん)　質疑(しつぎ)　耳(みみ)を疑(うたが)う
疑（ひき）

善 教38ページ
ゼン　よい（のばす）
12画
改善(かいぜん)　善意(ぜんい)　善悪(ぜんあく)　善(よ)い行(おこな)い
善（くち）

専 教39ページ
セン（はねる）
9画
専門家(せんもんか)　専用(せんよう)　専念(せんねん)　専属(せんぞく)
専（すん）

閣 教39ページ
カク（はねる）
14画
内閣府(ないかくふ)　内閣(ないかく)　天守閣(てんしゅかく)　閣議(かくぎ)
閣（もんがまえ）

1 読みがなを書きましょう。　28点(一つ4)

① 疑問を解決する。（　　）

② 耳を疑う話。（　　）

③ 体質を改善する。（　　）

④ 善い行い。（　　）

⑤ 専門家にたずねる。（　　）

⑥ 社長専用の自動車。（　　）

⑦ 内閣府の調査。（　　）

← 裏のページに続くよ!

72点（一つ9）

2 あてはまる漢字を書きましょう。

① 会議で［しつぎ］に時間がかかる。

② 目を［うたが］うような光景が広がる。

③ ［ぜんあく］の判断をつける。

④ 世の中のために［よ］いことをする。

⑤ 兄は大学受験をひかえて、勉強に［せんねん］している。

⑥ 有名作家が、出版社と［せんぞく］のけい約を結ぶ。

⑦ 社会の授業で、［ないかく］の仕組みについて学ぶ。

⑧ 城の［てんしゅかく］から町をながめる。

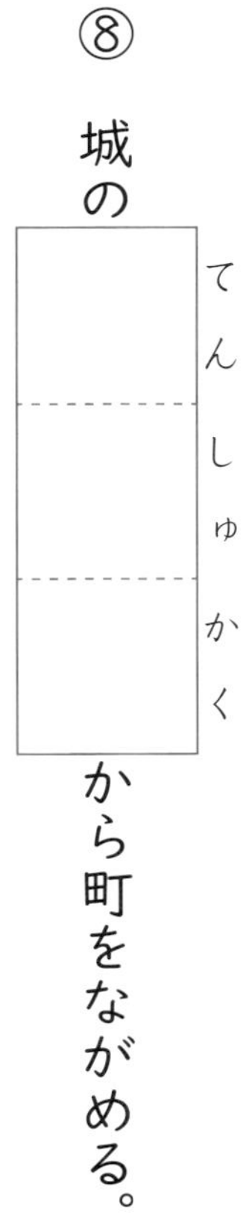

ヒント ❷④「よい」は、「良」とはちがう字を書きましょう。

音を表す部分 (1)

時間 15分 合格80点 /100

答え102ページ

月　日

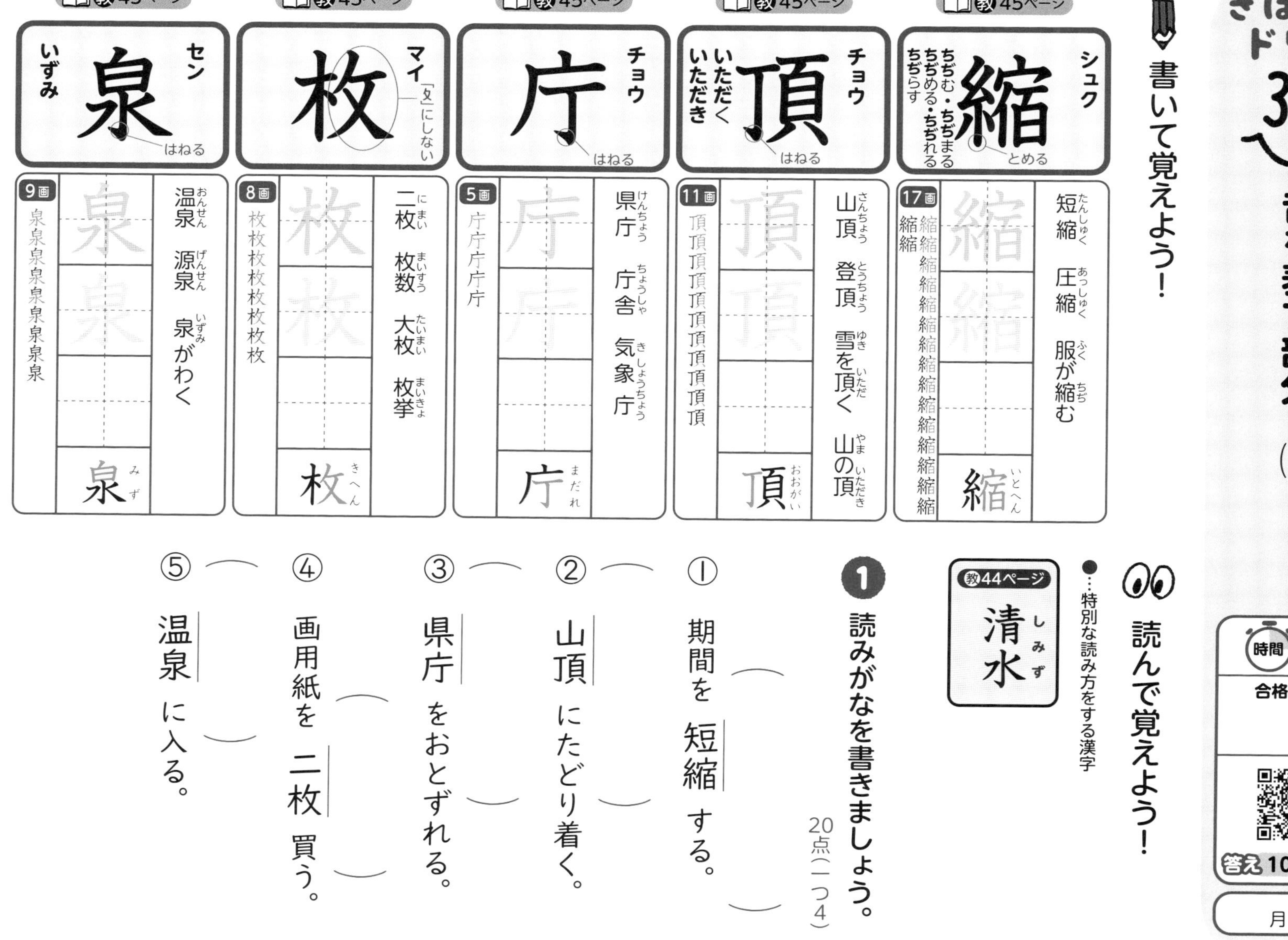

書いて覚えよう！

教45ページ
縮 シュク ちぢむ・ちぢまる・ちぢめる・ちぢれる・ちぢらす（17画）
短縮　圧縮　服が縮む
部首：いとへん

教45ページ
頂 チョウ いただく・いただき（11画）
山頂　登頂　雪を頂く　山の頂
部首：おおがい

教45ページ
庁 チョウ（5画）
県庁　庁舎　気象庁
部首：まだれ

教45ページ
枚 マイ（8画）「攵」にしない
二枚　枚数　大枚　枚挙
部首：きへん

教45ページ
泉 セン いずみ（9画）
温泉　源泉　泉がわく
部首：みず

読んで覚えよう！

●…特別な読み方をする漢字

教44ページ　清水（しみず）

1 読みがなを書きましょう。20点（一つ4）

① 期間を短縮する。
② 山頂にたどり着く。
③ 県庁をおとずれる。
④ 画用紙を二枚買う。
⑤ 温泉に入る。

裏のページに続くよ！

2 あてはまる漢字を書きましょう。

80点（一つ8）

① 空きかんを（あっしゅく）する。

② 洗うと服が（ちぢ）むと、母に言われた。

③ 山の（いただき）を目指して（とうちょう）を開始する。

④ 遠くに、雪を（いただ）く山々が見える。

⑤ 市の（ちょうしゃ）に書類を出しに出かける。

⑥ プリントの（まいすう）をかぞえる。

⑦ その美しい公園は、中に（いずみ）がわいている。

⑧ 森の中に、（しみず）の（げんせん）がある。

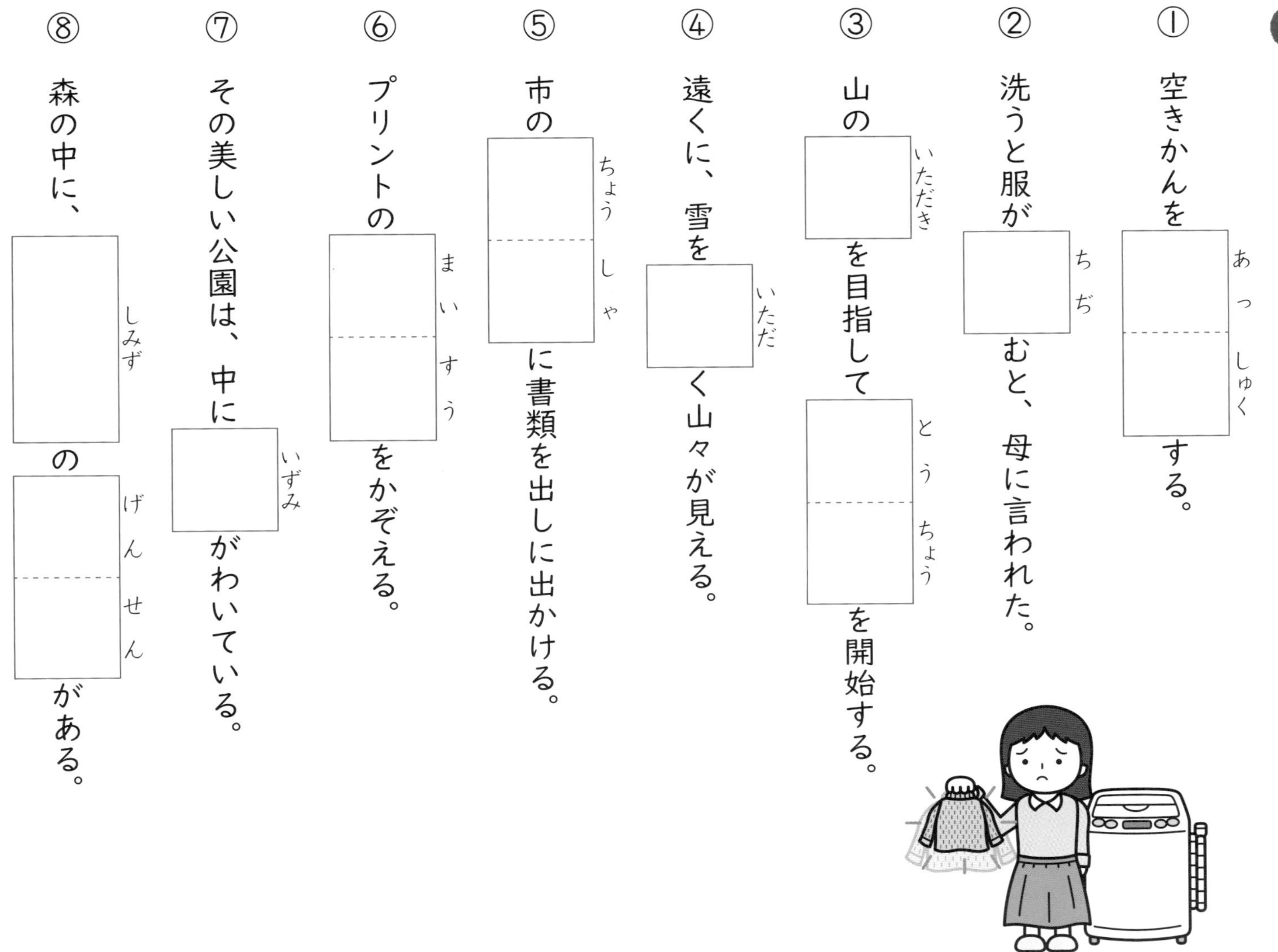

ヒント ２ ⑦・⑧「いずみ」「せん」の7画目の「フ」を「ユ」と書かないように注意しましょう。

きほんのドリル 34。

音(おん)を表す部分 (2)

時間 15分　合格80点　/100

サクッとこたえあわせ　答え 102ページ

月　日

書いて覚えよう！

批　ヒ　（教45ページ）
「比」にしない　7画
批評(ひひょう)　批判(ひはん)　批難(ひなん)
批（てへん）

詞　シ　（教45ページ）
はねる　12画
歌詞(かし)　作詞(さくし)　品詞(ひんし)　数詞(すうし)
詞（ごんべん）

誌　シ　（教45ページ）
短く　14画
雑誌(ざっし)　学級日誌(がっきゅうにっし)　誌面(しめん)　週刊誌(しゅうかんし)
誌（ごんべん）

創　ソウ　つくる　（教45ページ）
はねる　12画
創刊号(そうかんごう)　創作(そうさく)　未来(みらい)を創(つく)る
創（りっとう）

忠　チュウ　（教45ページ）
出る　8画
忠誠(ちゅうせい)　忠告(ちゅうこく)　忠実(ちゅうじつ)　忠義(ちゅうぎ)
忠（こころ）

1 読みがなを書きましょう。
28点（一つ4）

① 批評（　　）の記事を読む。

② 校歌の歌詞（　　）を見る。

③ 雑誌（　　）の付録。

④ 学級日誌（　　）をつける。

⑤ 創刊号（　　）を買う。

⑥ 未来を創（　　）る。

⑦ 王に忠（　　）誠(せい)をちかう。

裏のページに続くよ！

2 あてはまる漢字を書きましょう。

72点（一つ9）

① 友達の［ひはん］に耳をかたむける。

② この歌は、有名な詩人が［さくし］したものだ。

③ ざっしの［しめん］を読み比べる。

④ 書店で［しゅうかんし］を買う。

⑤ 自然を題材にした新しい物語を［そうさく］する。

⑥ 今までにない新しい文化を［つく］る。

⑦ 父の［ちゅうこく］を聞き入れる。

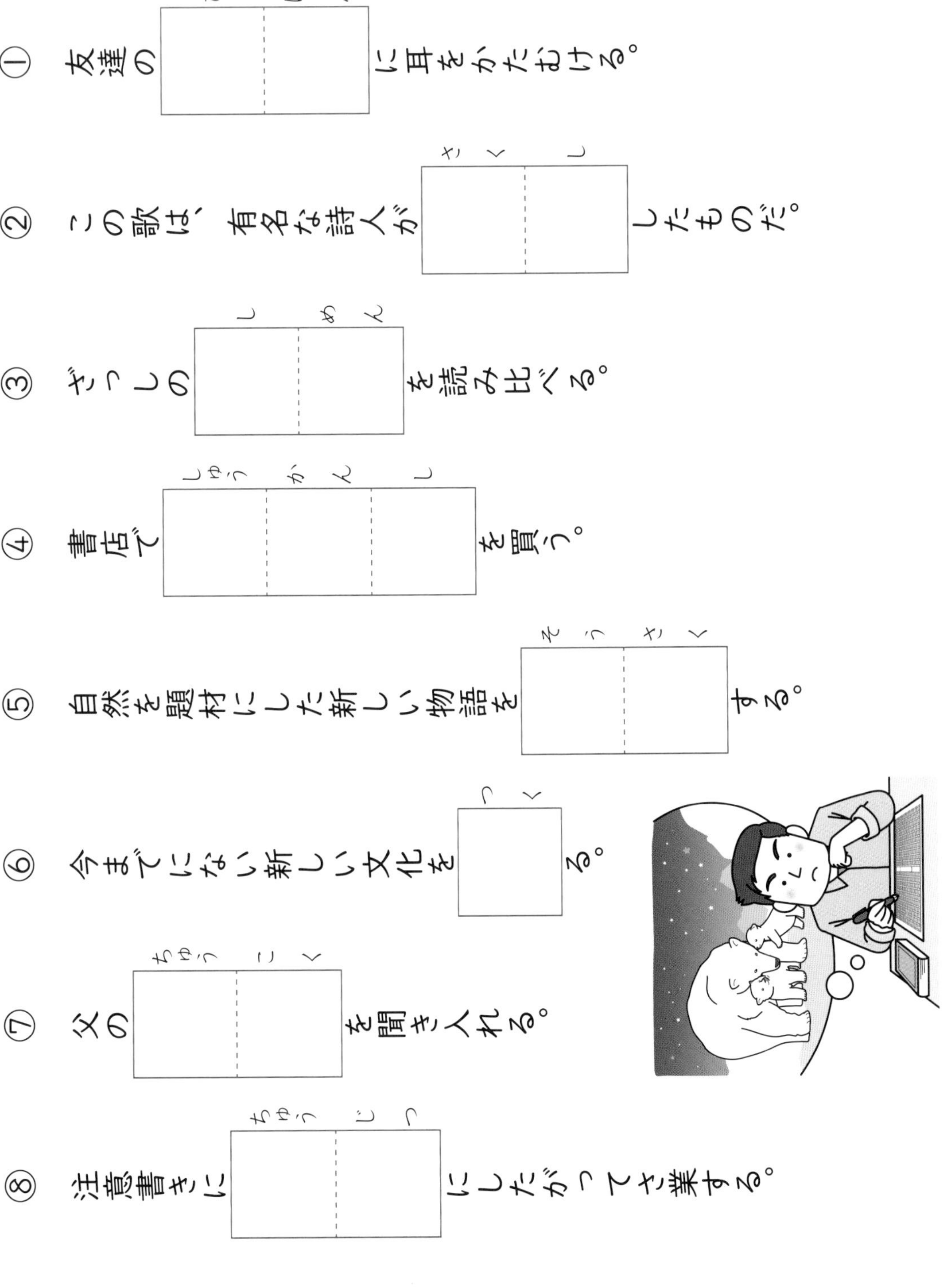

⑧ 注意書きに［ちゅうじつ］にしたがって作業する。

ヒント 2 ①「ひ」は、「き」を書き忘れないように注意しましょう。

音（おん）を表す部分（3）あなたはどう感じる？

時間 15分　合格80点　／100　答え 102ページ　サクッとこたえあわせ

月　日

書いて覚えよう！

誠（教45ページ）セイ　上にはねる　13画
忠誠（ちゅうせい）　誠実（せいじつ）　誠心誠意（せいしんせいい）
誠　ごんべん

延（教45ページ）エン　のびる・のべる　のばす　出る　8画
延長（えんちょう）　延期（えんき）　試合が延びる　予定を延ばす
延　えんにょう

済（教45ページ）サイ　すむ　すます　はらう　11画
経済（けいざい）　救済（きゅうさい）　仕事が済む　用を済ます
済　さんずい

紅（教49ページ）コウ　べに　長く　9画
紅葉（こうよう）　紅白（こうはく）　紅茶（こうちゃ）　口紅（くちべに）
紅　いとへん

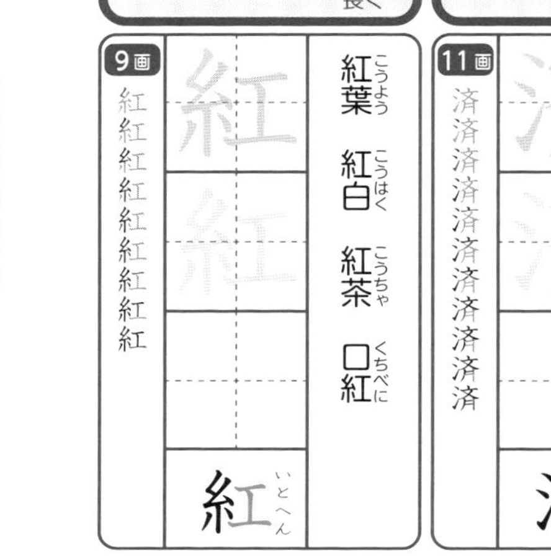

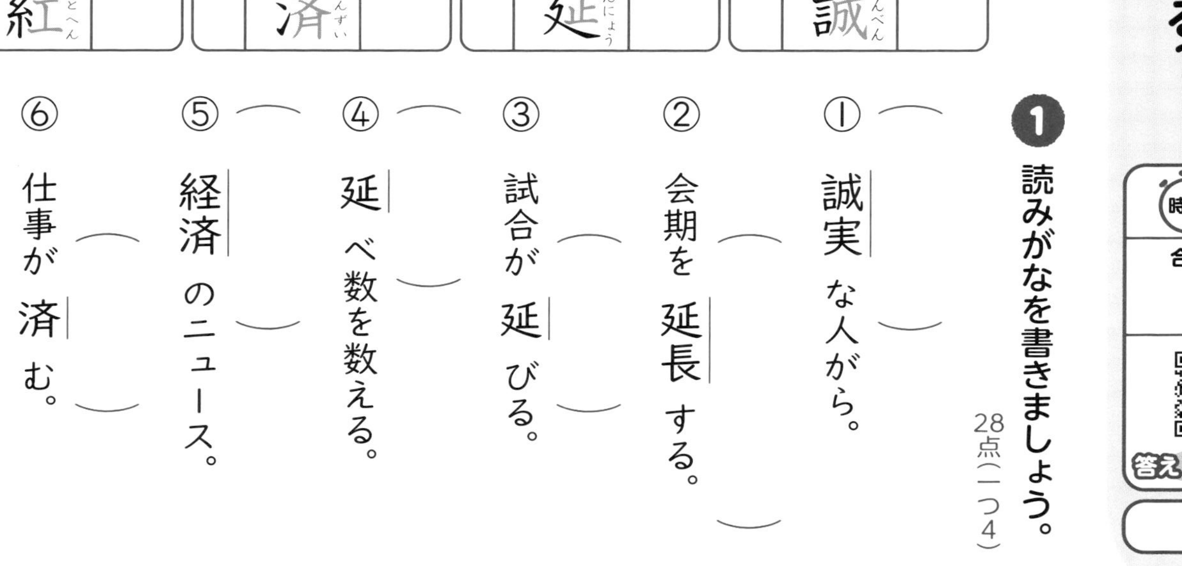

1 読みがなを書きましょう。 28点（一つ4）

① 誠実（　　）な人がら。

② 会期を延長（　　）する。

③ 試合が延（　　）びる。

④ 延（　　）べ数を数える。

⑤ 経済（　　）のニュース。

⑥ 仕事が済（　　）む。

⑦ 木々が紅葉（　　）する。

裏のページに続くよ！

❷ あてはまる漢字を書きましょう。

72点（一つ9）

① ［せいしんせいい］おわびをする。

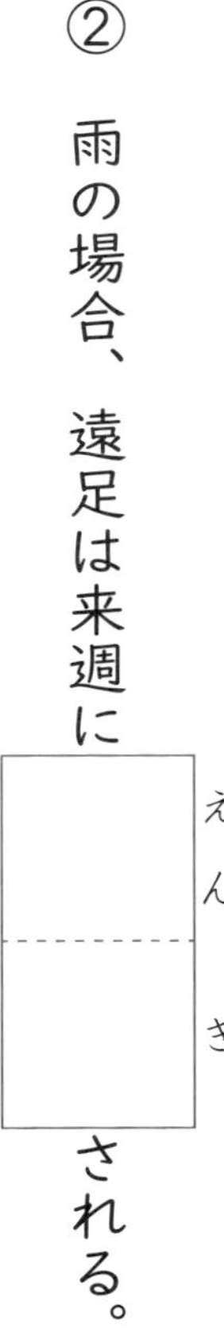

② 雨の場合、遠足は来週に［えんき］される。

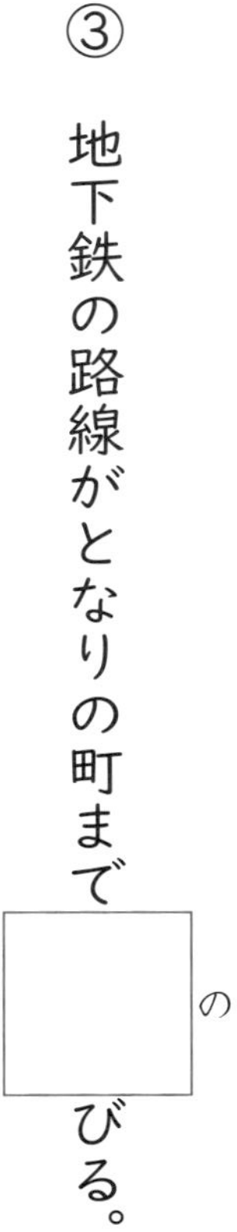

③ 地下鉄の路線がとなりの町まで［の］びる。

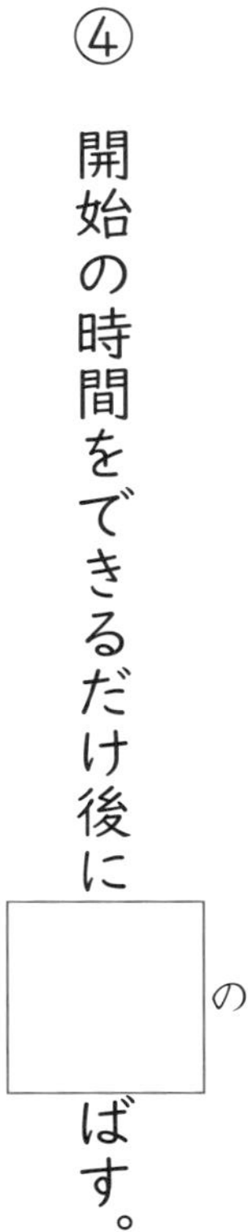

④ 開始の時間をできるだけ後に［の］ばす。

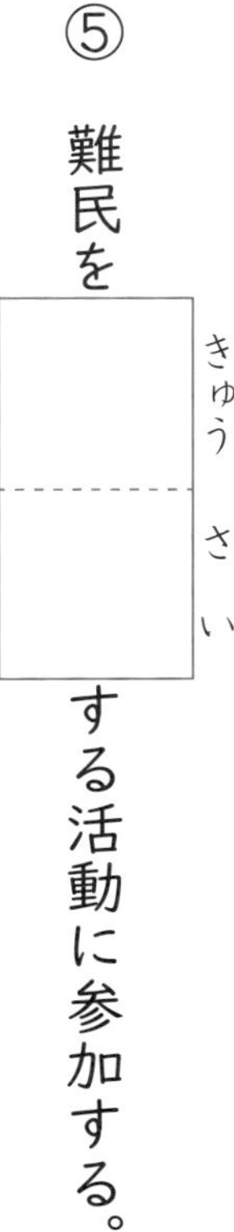

⑤ 難民を［きゅうさい］する活動に参加する。

⑥ 次の日の分の買い物も［す］ます。

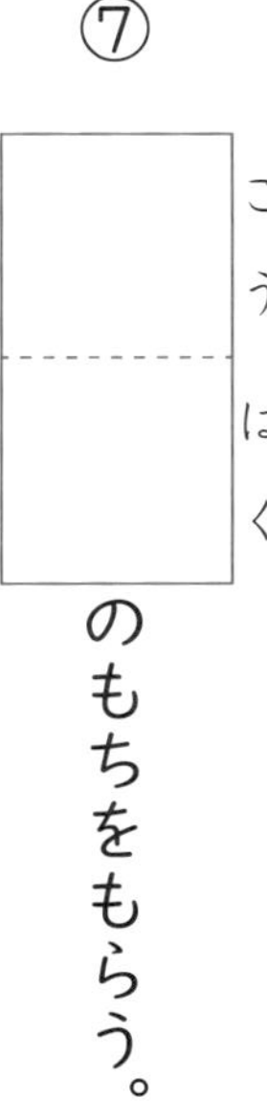

⑦ ［こうはく］のもちをもらう。

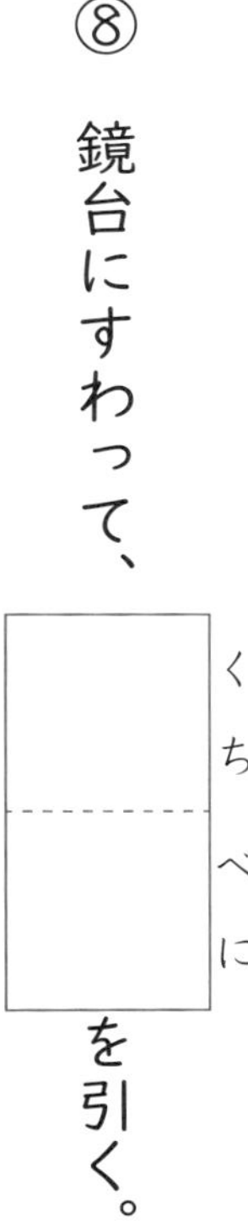

⑧ 鏡台にすわって、［くちべに］を引く。

ヒント ❷⑤・⑥「さい」「すます」の8～11画目を「月」と書かないように注意しましょう。

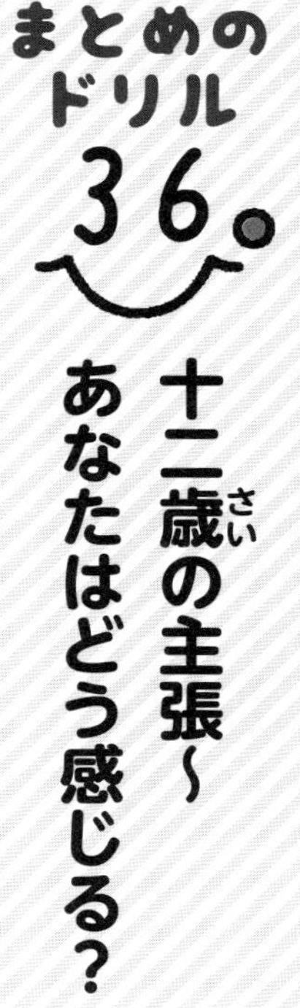

まとめのドリル 36 十二歳の主張～あなたはどう感じる？

1 漢字の読みがなを書きましょう。　48点（一つ4）

① いとこは 県庁 に勤めている。

② 日常のできごとが作家の想像力の 源泉 になる。

③ 練習を重ねて記録を 縮 めることができた。

④ さむらいが君主に 忠誠 をちかう。

⑤ その法律(りつ)は今度の 閣議 で議論されるだろう。

⑥ 来週の日曜日に 紅白 試合が行われる。

⑦ 貸し出し期間 延長 の手続きを 済 ます。

⑧ 音だけでなく 歌詞 にも合うようなおどりを 創作 する。

⑨ 雑誌 の記事を 批評 する。

裏のページに続くよ！

2 あてはまる漢字を書きましょう。〔　〕には漢字とひらがなを書きましょう。

52点（一つ4）

① 年賀状に必要なはがきの［まいすう］をかぞえる。

② 説明を聞いても［ぎもん］は少しも晴れなかった。

③ 飛行機の出発が台風で〔のびる〕。

④ 国の［けいざい］の仕組みはおもしろい。

⑤ ふとんを［あっしゅく］しておし入れにしまう。

⑥ 美術系（けい）の［しゅうかんし］が［そうかん］される。

⑦ かれの［せいじつ］さは、［ひはん］のしようがない。

⑧ ［ぜんい］からの［ちゅうこく］が役に立った。

⑨ ［ちょうじょう］に着くまで、歩くことに［せんねん］した。

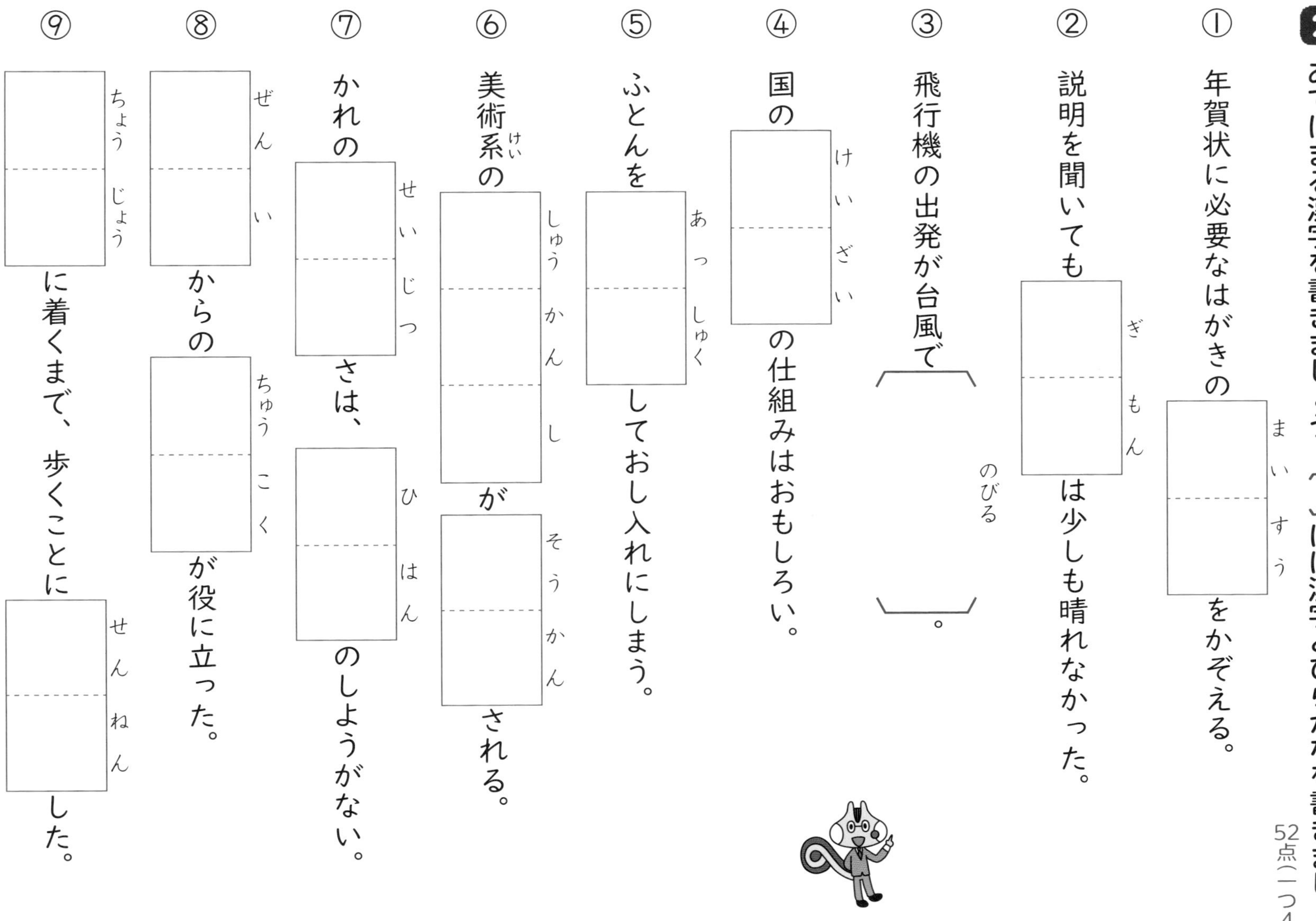

きほんのドリル 37。 ぼくの世界、君の世界 (1)

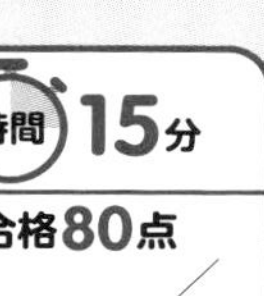

書いて覚えよう！

教54ページ　盛　もる（わすれずに）　11画
盛り上がる　皿に盛る　大盛り　盛（さら）

教56ページ　秘　ヒ（はらう）　10画
秘密　神秘　秘書　秘伝　秘（のぎへん）

教56ページ　密　ミツ（はねる）　11画
秘密　密林　過密　密接　密（うかんむり）

教56ページ　展　テン（長く）　10画
発展　進展　展示　展開　展（かばね・しかばね）

教60ページ　否　ヒ（とめる）　7画
否定　否決　賛否　可否　否（くち）

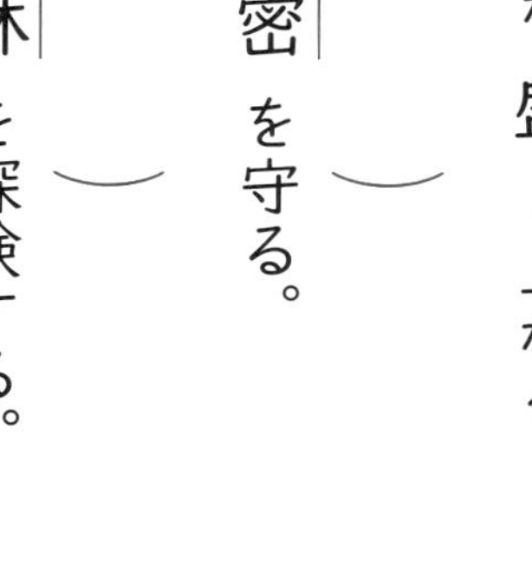

読んで覚えよう！

●…特別な読み方をする漢字

教51ページ　真面目（まじめ）

1 読みがなを書きましょう。 20点（一つ4）

① 会が盛り上がる。（　　）
② 秘密を守る。（　　）
③ 密林を探険する。（　　）
④ 町が発展する。（　　）
⑤ 意見が否定される。（　　）

裏のページに続くよ！

2 あてはまる漢字を書きましょう。

80点（一つ10）

① かれの（まじめ）な人がらは、だれからも好かれる。

② おいしそうな料理を皿に（も）る。

③ 山おくのその湖は、（しんぴ）的な色をしている。

④ ここは住宅が（かみつ）な地区だ。

⑤ 日光と植物の成長には（みっせつ）な関係がある。

⑥ 博物館に資料を（てんじ）する。

⑦ 試合の（てんかい）を見守る。

⑧ キャンプへの参加の（かひ）を聞く。

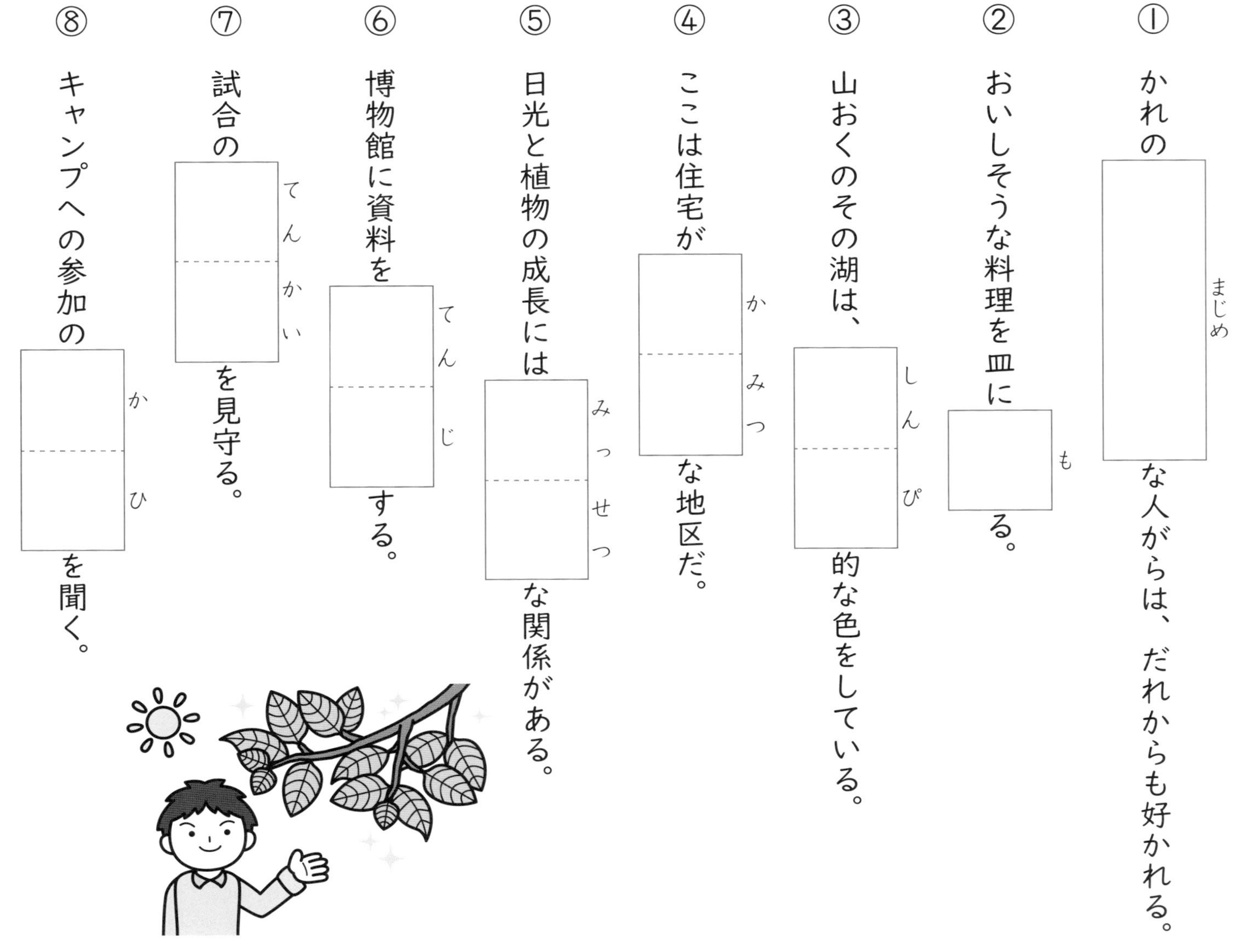

ヒント ２ ④・⑤「みつ」「みっ」の「必」の部分は「心」と書きまちがえやすいので注意しましょう。

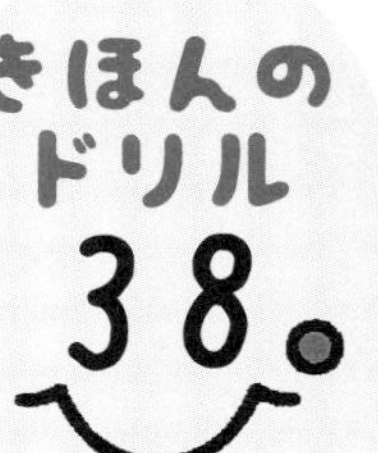

きほんのドリル 38 ぼくの世界、君の世界 (2)

月　日

書いて覚えよう！

亡（ボウ）　教60ページ　とめる
3画　亡亡亡
部首：亡（なべぶた・けいさんかんむり）
亡命（ぼうめい）　死亡（しぼう）　興亡（こうぼう）　存亡（そんぼう）

宗（シュウ）　教60ページ　長く
8画　宗宗宗宗宗宗宗宗
部首：宀（うかんむり）
宗教（しゅうきょう）　改宗（かいしゅう）　宗祖（しゅうそ）

系（ケイ）　教60ページ　とめる
7画　系系系系系系系
部首：糸（いと）
系統（けいとう）　太陽系（たいようけい）　系列（けいれつ）　体系（たいけい）

仁（ジン）　教60ページ　長く
4画　仁仁仁仁
部首：亻（にんべん）
仁義（じんぎ）　仁術（じんじゅつ）　仁愛（じんあい）　仁徳（じんとく）

聖（セイ）　教60ページ　出ない
13画　聖聖聖聖聖聖聖聖聖聖聖聖聖
部首：耳（みみ）
聖火（せいか）　聖書（せいしょ）　神聖（しんせい）　聖人（せいじん）

1 読みがなを書きましょう。

28点（一つ4）

① 外国に 亡命（　　） する。
② 興亡（　　） の歴史を調べる。
③ 宗教（　　） が伝わる。
④ バスの 系統（　　） が多い。
⑤ 仁義（　　） を重んじる。
⑥ 聖火（　　） ランナー
⑦ 聖書（　　） を読む。

裏のページに続くよ！

2 あてはまる漢字を書きましょう。

72点(一つ9)

① 交通事故で［しぼう］する人をなくしたい。

② キリスト教徒に［かいしゅう］をせまった歴史を調べる。

③ ［たいようけい］のわく星の名前を覚える。

④ 同じ［けいれつ］の会社で働く。

⑤ 医は［じんじゅつ］という。

⑥ 常に［じんあい］の心をもつ人間でありたいと願う。

⑦ 寺院は、［しんせい］なふんいきがある。

⑧ ［せいじん］の教えを守る。

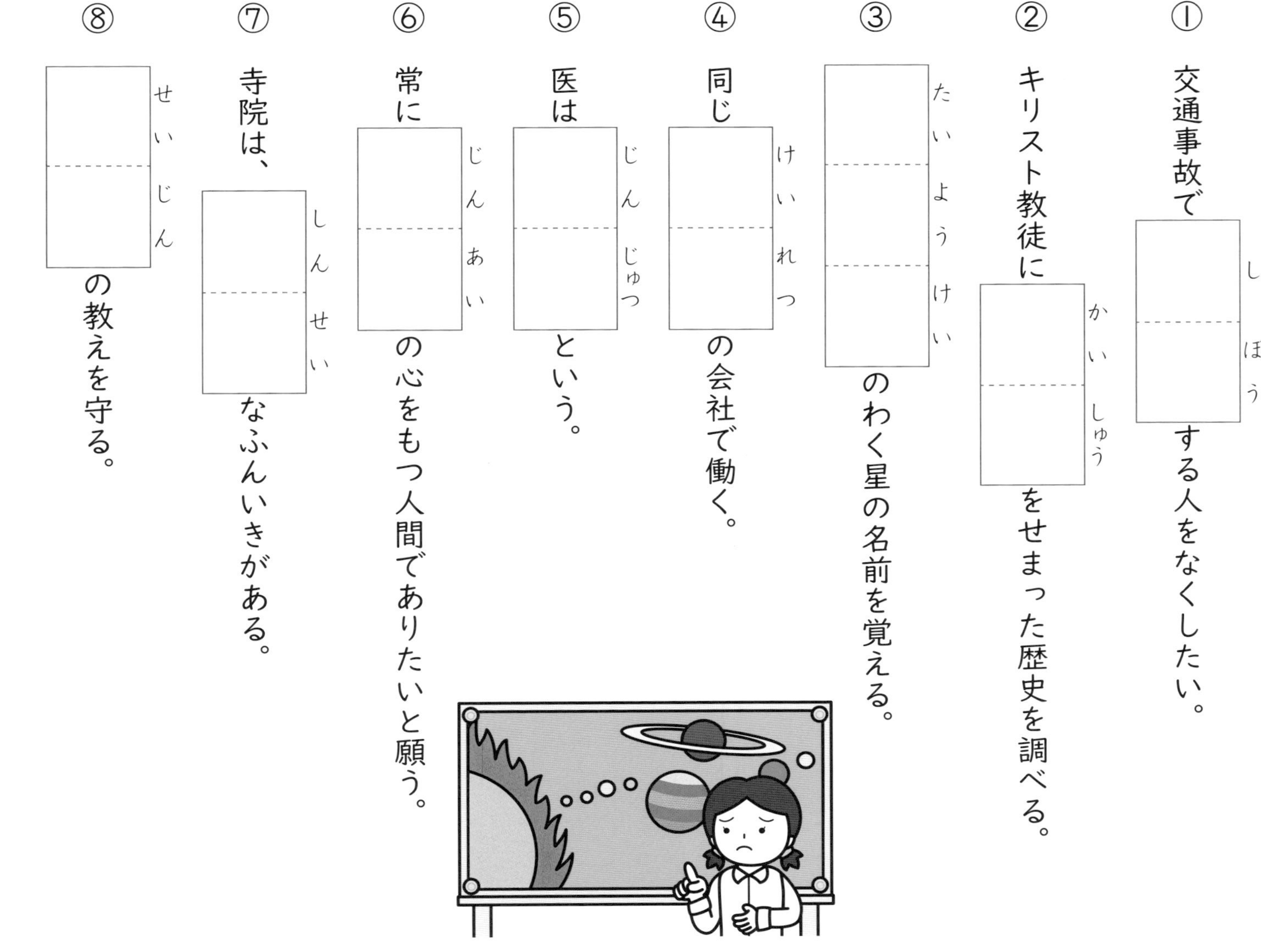

ヒント 2 ⑧「せい」は、「成」とはちがう字を書きましょう。

ぼくの世界、君の世界 (3)

時間 15分　合格80点　／100

答え 103ページ

月　日

書いて覚えよう！

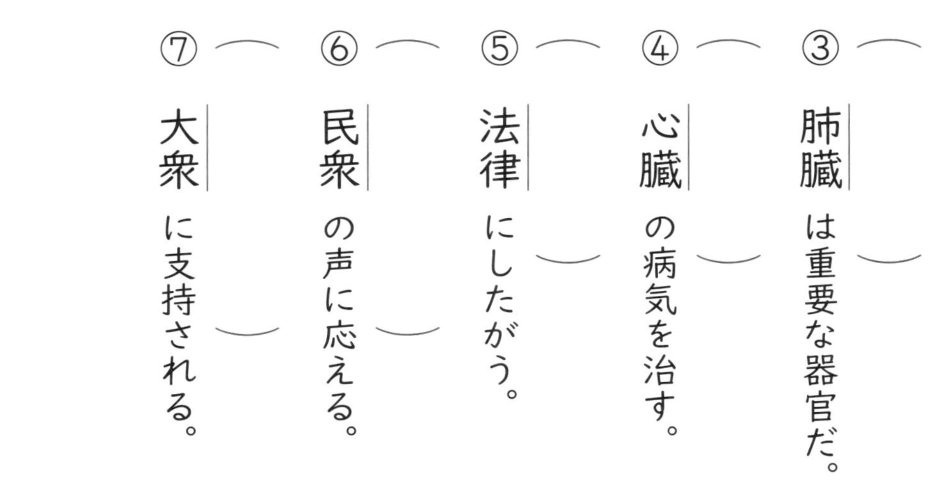

尺（教60ページ）シャク　はらう　4画
尺度（しゃくど）　一尺（いっしゃく）　尺八（しゃくはち）　巻き尺（まきじゃく）

肺（教60ページ）ハイ　はねる　9画
肺臓（はいぞう）　肺活量（はいかつりょう）　人間の肺（にんげんのはい）

臓（教60ページ）ゾウ　上にはねる　19画
肺臓（はいぞう）　心臓（しんぞう）　臓器（ぞうき）　内臓（ないぞう）

律（教60ページ）リツ　出る　9画
法律（ほうりつ）　規律（きりつ）　調律（ちょうりつ）　一律（いちりつ）

衆（教60ページ）シュウ　とめる　12画
民衆（みんしゅう）　大衆（たいしゅう）　観衆（かんしゅう）　公衆（こうしゅう）

1 読みがなを書きましょう。 28点（一つ4）

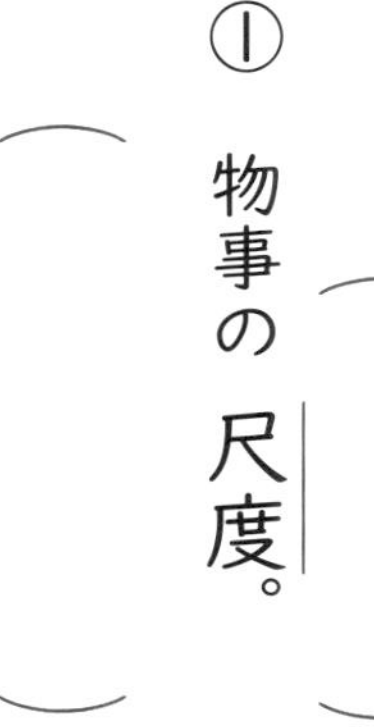

① 物事の尺度。（　　）
② 長さ一尺の棒。（　　）
③ 肺臓は重要な器官だ。（　　）
④ 心臓の病気を治す。（　　）
⑤ 法律にしたがう。（　　）
⑥ 民衆の声に応える。（　　）
⑦ 大衆に支持される。（　　）

教科書 下50～61ページ

裏のページに続くよ！

2 あてはまる漢字を書きましょう。

72点（一つ9）

①祖父は［しゃく・はち］を教えている。

②巻き［じゃく］で長さを測る。

③身体検査で［はい・かつ・りょう］の測定をする。

④［ぞう・き］のはたらきについて事典で調べる。

⑤父は、ピアノの［ちょう・りつ］ができる。

⑥料金を［いち・りつ］に下げる。

⑦三万人の［かん・しゅう］がつめかける。

⑧職員室の前に［こう・しゅう］電話がある。

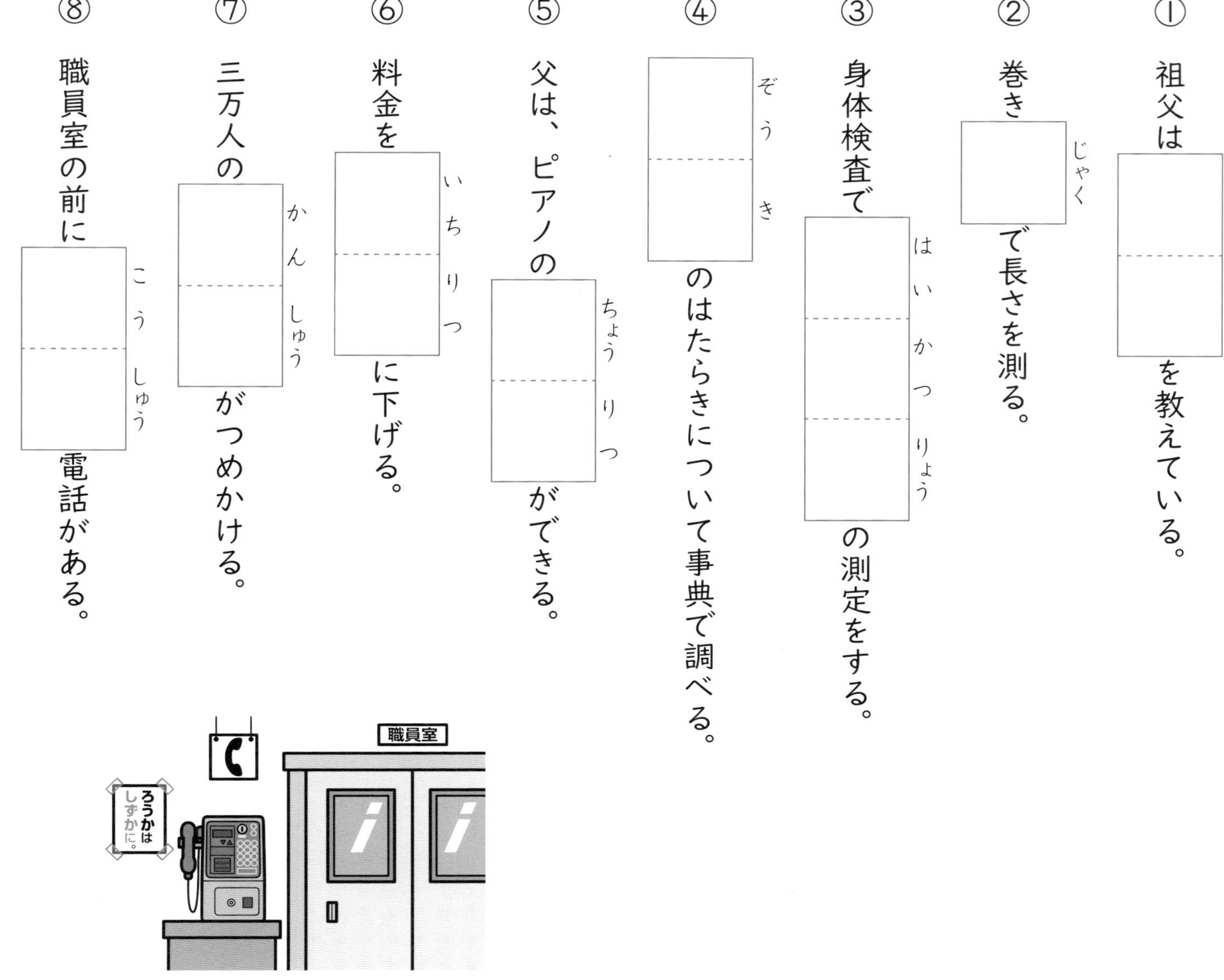

ヒント
2 ⑤・⑥「りつ」の「彳」を「イ」と書かないように注意しましょう。

きほんのドリル 40。

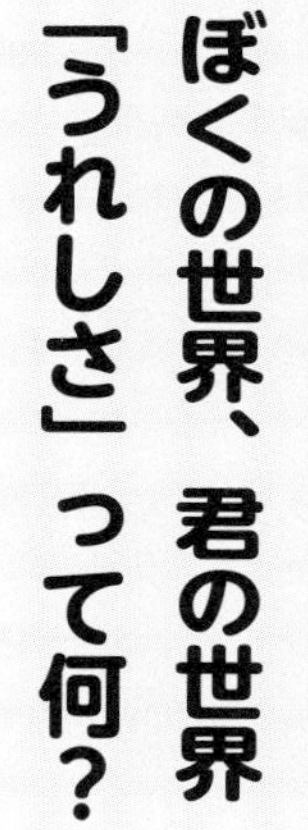

ぼくの世界、君の世界 (4)
「うれしさ」って何？

時間15分
合格80点
/100
答え103ページ
サクッとこたえあわせ
月　日

書いて覚えよう！

教60ページ
胃（イ）9画 はねる
胃腸（いちょう）　胃カメラ（い）　胃薬（いぐすり）　胃弱（いじゃく）　胃液（いえき）
にく
胃胃胃胃胃胃胃胃胃

教60ページ
腸（チョウ）13画 「昜」にしない
胃腸（いちょう）　小腸（しょうちょう）　大腸（だいちょう）　断腸の思い（だんちょうのおもい）
にくづき
腸腸腸腸腸腸腸腸腸腸腸腸腸

教63ページ
誕（タン）15画 出る
誕生日（たんじょうび）　生誕祭（せいたんさい）　誕生石（たんじょうせき）　降誕祭（こうたんさい）　誕生祝い（たんじょういわい）
ごんべん
誕誕誕誕誕誕誕誕誕誕誕誕誕誕誕

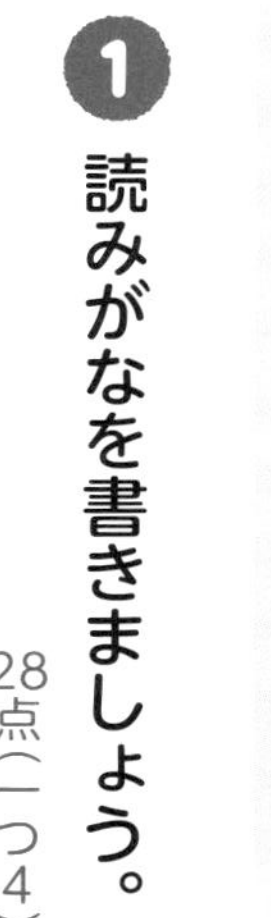
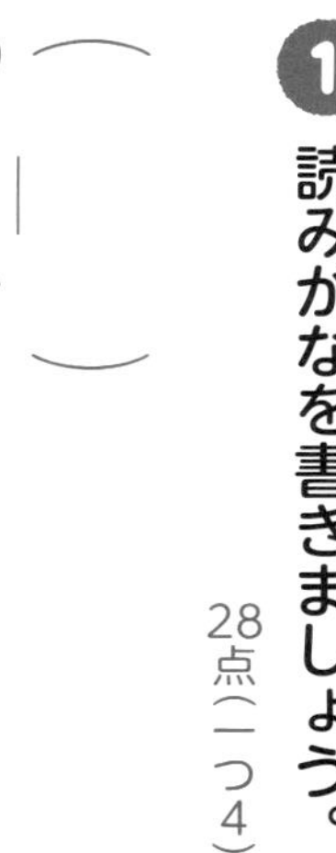

1 読みがなを書きましょう。　28点（一つ4）

① 胃（　　）がしくしく痛む。

② 胃腸（　　）の調子を整える。

③ 胃（　　）カメラで検査する。

④ 大腸（　　）のはたらき。

⑤ 断腸（　　）の思いであきらめる。

⑥ 誕生日（　　）のプレゼント。

⑦ キリストの降誕祭（　　）。

「断腸の思い」は、「がまんできないほどのつらい気持ち」という意味だよ。

裏のページに続くよ！

2 あてはまる漢字を書きましょう。

72点（一つ9）

① 朝から［い］の調子が悪い。

② 食後に［い・ぐすり］を飲む。

③ 体をきたえて、［い・じゃく］な体質を改善したい。

④ ［い・えき］には、食べ物を消化するはたらきがある。

⑤ 栄養分は［しょう・ちょう］で吸収（きゅう）される。

⑥ 有名な作曲家の［せい・たん・さい］が行われた。

⑦ ダイヤモンドは四月の［たん・じょう・せき］だ。

⑧ 弟の［たん・じょう・いわ］いをする。

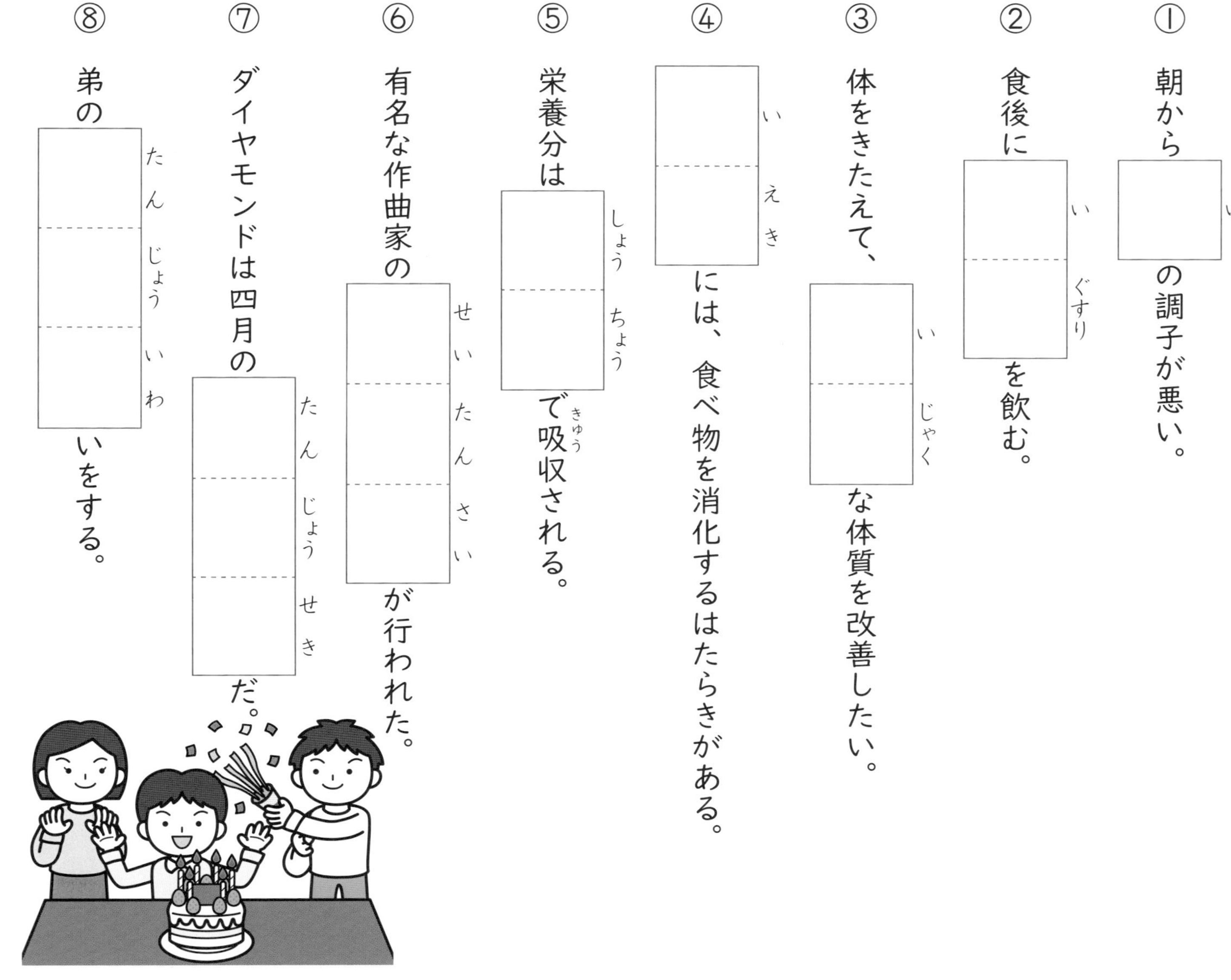

ヒント ② ⑥〜⑧「たん」の「廴」は3画で書くことに注意しましょう。

きほんのドリル 41。 その場にふさわしい言い方 (1)

時間 15分　合格80点　／100

サクッとこたえあわせ　答え 103ページ

月　日

✎ 書いて覚えよう！

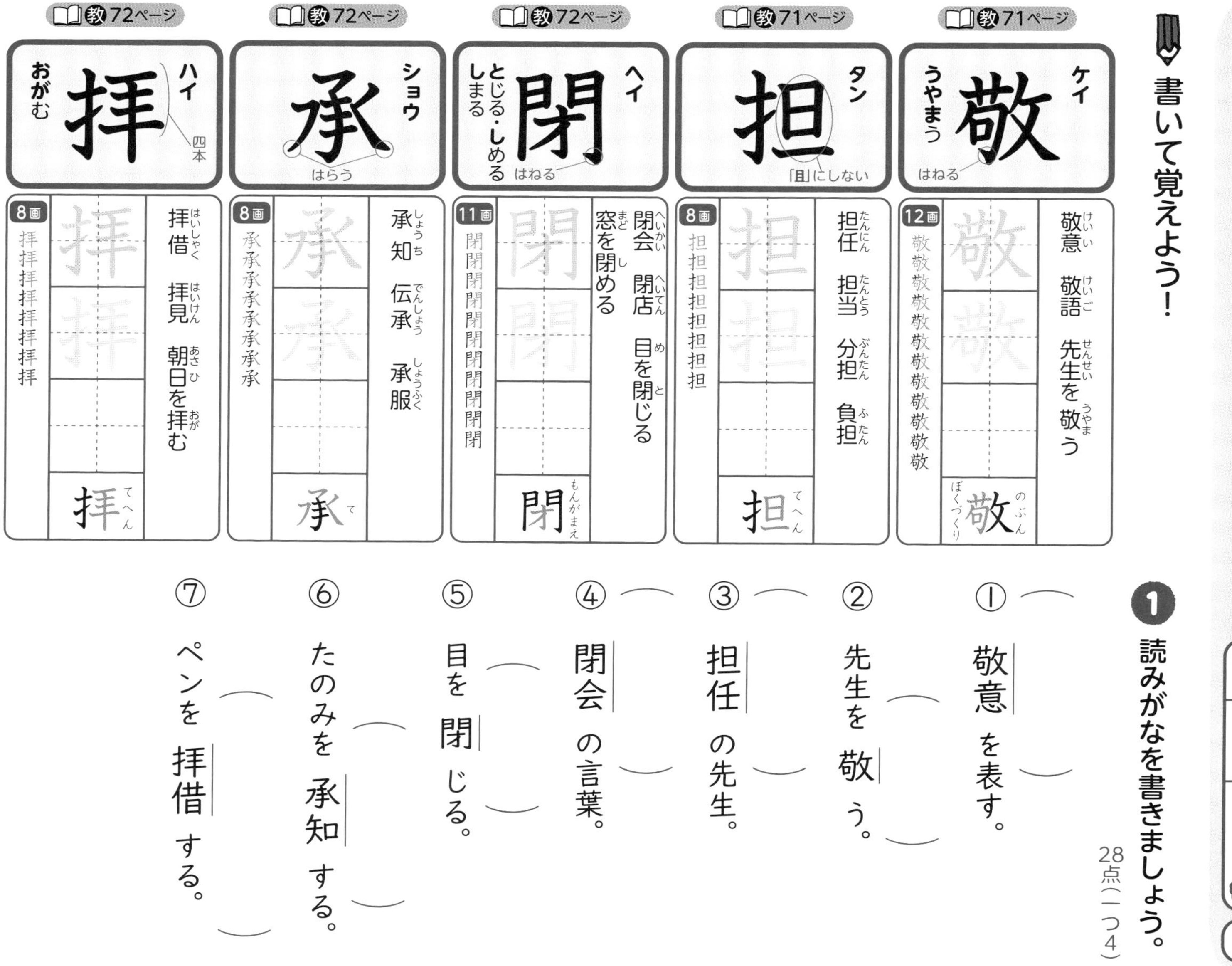

1 読みがなを書きましょう。　28点（一つ4）

① 敬意（　　）を表す。

② 先生を敬（　　）う。

③ 担任（　　）の先生。

④ 閉会（　　）の言葉。

⑤ 目を閉（　　）じる。

⑥ たのみを承知（　　）する。

⑦ ペンを拝借（　　）する。

教科書 下70～73ページ

← 裏のページに続くよ！

72点(一つ9)

2 あてはまる漢字を書きましょう。

① [　　]（けいご）の使い方を勉強する。

② 児童会で司会を[　　]（たんとう）する。

③ そうじの[　　]（ぶんたん）を決める。

④ 駅前のデパートは、午後八時に[　　]（へいてん）する。

⑤ バタンとドアを[　]（し）める音がする。

⑥ 古くから[　　]（でんしょう）されている昔話。

⑦ 書道展で、先生の作品を[　　]（はいけん）する。

⑧ 山頂で初日の出を[　]（おが）む。

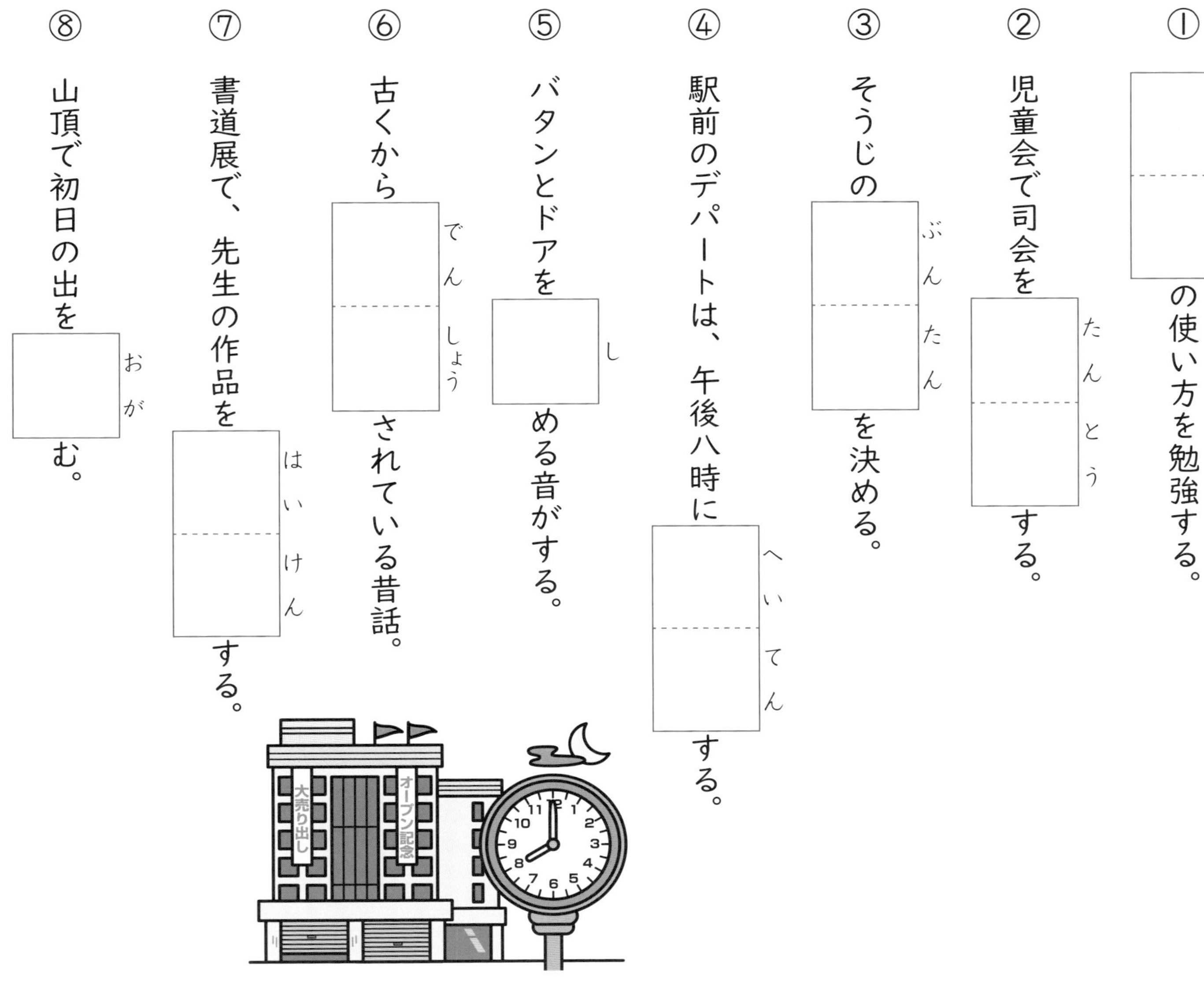

ヒント 2 ⑤「しめる」は、送りがなに注意しましょう。

きほんのドリル 42。

その場にふさわしい言い方 (2)
「迷う」
六年間の思い出をつづろう

時間 15分　合格80点　／100

サクッとこたえあわせ　答え 103ページ

月　日

書いて覚えよう！

教73ページ
尊（12画）　ソン　たっとい・とうとい　たっとぶ・とうとぶ　この形に注意
尊敬語（そんけいご）　尊重（そんちょう）　尊い命（とうとい いのち／たっとい いのち）　親を尊ぶ（おやをたっとぶ／とうとぶ）
部首：尊（すん）

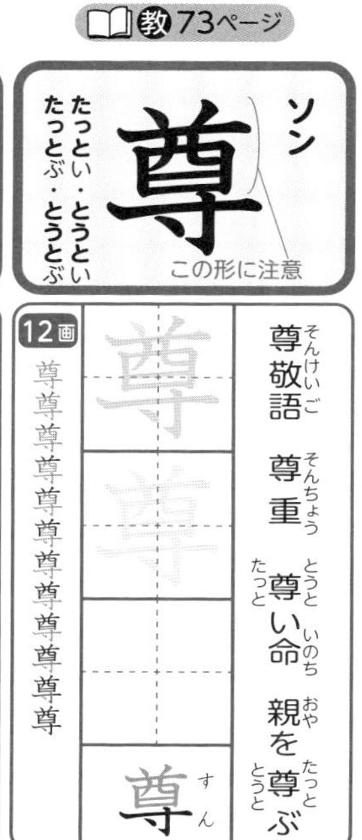

教81ページ
刻（8画）　コク　きざむ　出ない
深刻（しんこく）　時刻（じこく）　心に刻む（こころにきざむ）
部首：刻（りっとう）

教89ページ
優（17画）　ユウ　「百」にしない
優勝（ゆうしょう）　優先（ゆうせん）　優待（ゆうたい）　優位（ゆうい）
部首：優（にんべん）

教89ページ
吸（6画）　キュウ　すう　出ない
吸入（きゅうにゅう）　吸引（きゅういん）　吸いこむ（すいこむ）
部首：吸（くちへん）

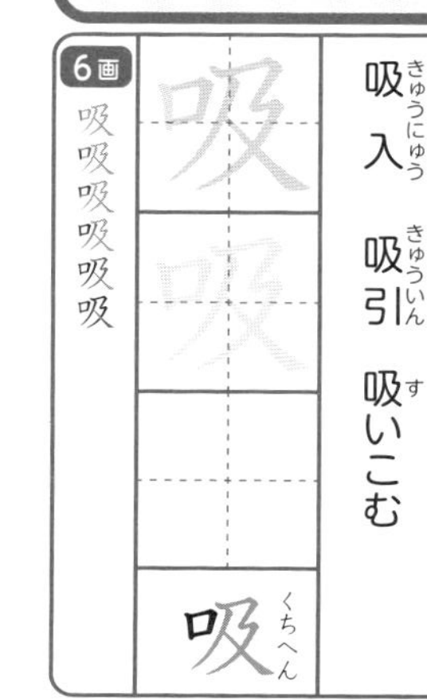

「吸」の「及」は一画で書くよ。

読んで覚えよう！

●…読み方が新しい漢字　‖…送りがな

教81ページ
外　ガイ　そと　はずす　はずれる　ほか

1 読みがなを書きましょう。 20点（一つ4）

① 尊敬語を使う。（　　）
② 尊い命。（　　）
③ 心に刻む。（　　）
④ 県大会で優勝する。（　　）
⑤ 大きく息を吸いこむ。（　　）

2 あてはまる漢字を書きましょう。

80点(一つ10)

① 相手の立場や考え方を［そんちょう］する。

② 自分を育ててくれた親を［たっと］ぶ。

③ 父が［しんこく］な顔をして考えこんでいる。

④ 母がネギを細かく［きざ］む。

⑤ 思いの［ほか］すぐに満腹になった。

⑥ 子どもやお年寄りを［ゆうせん］して入場させる。

⑦ ポンプで水を［す］い上げる。

⑧ このそうじ機は、［きゅういん］する力が強い。

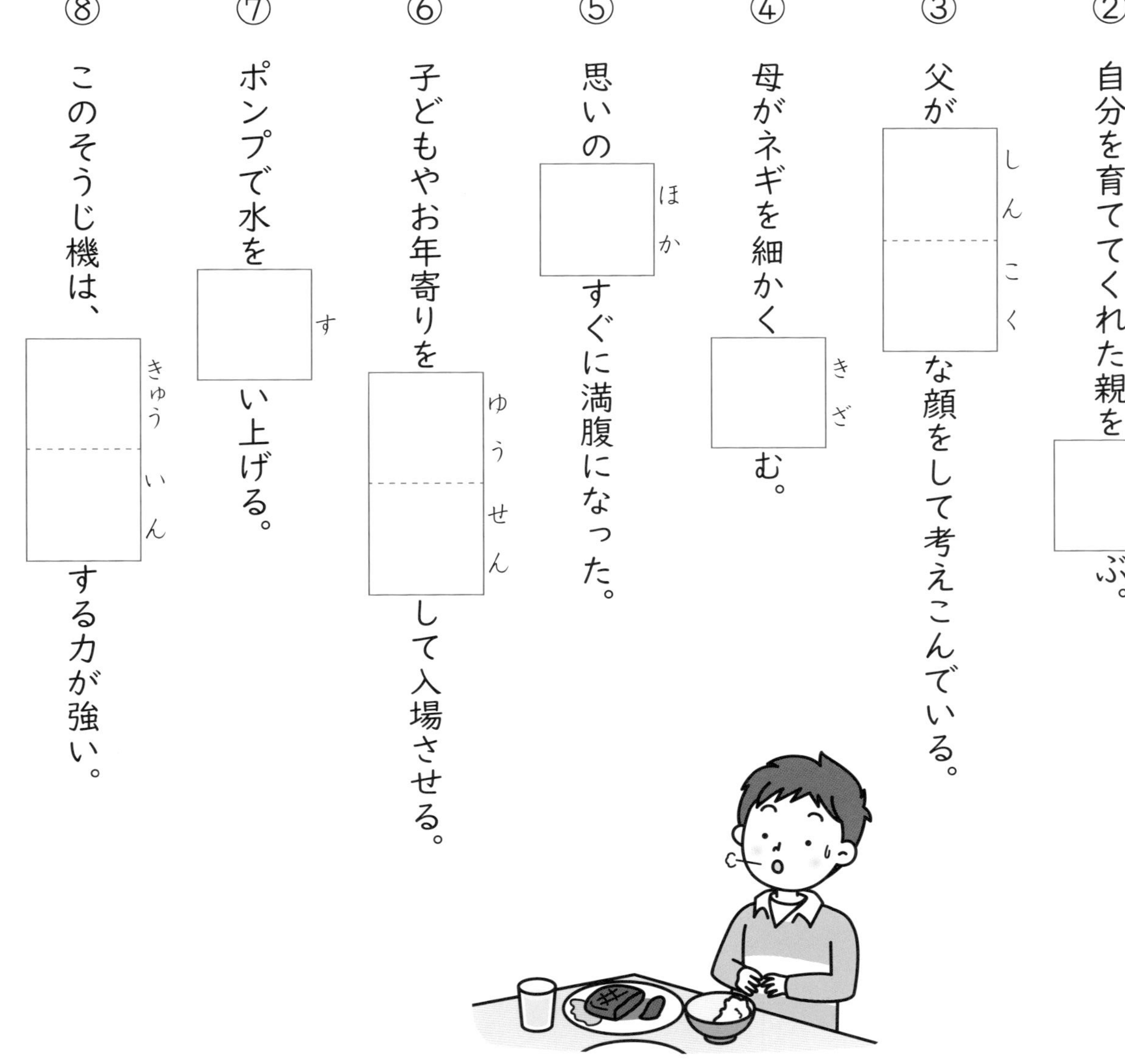

ヒント ❷⑦・⑧「すう」「きゅう」の5画目は、一画で書きましょう。

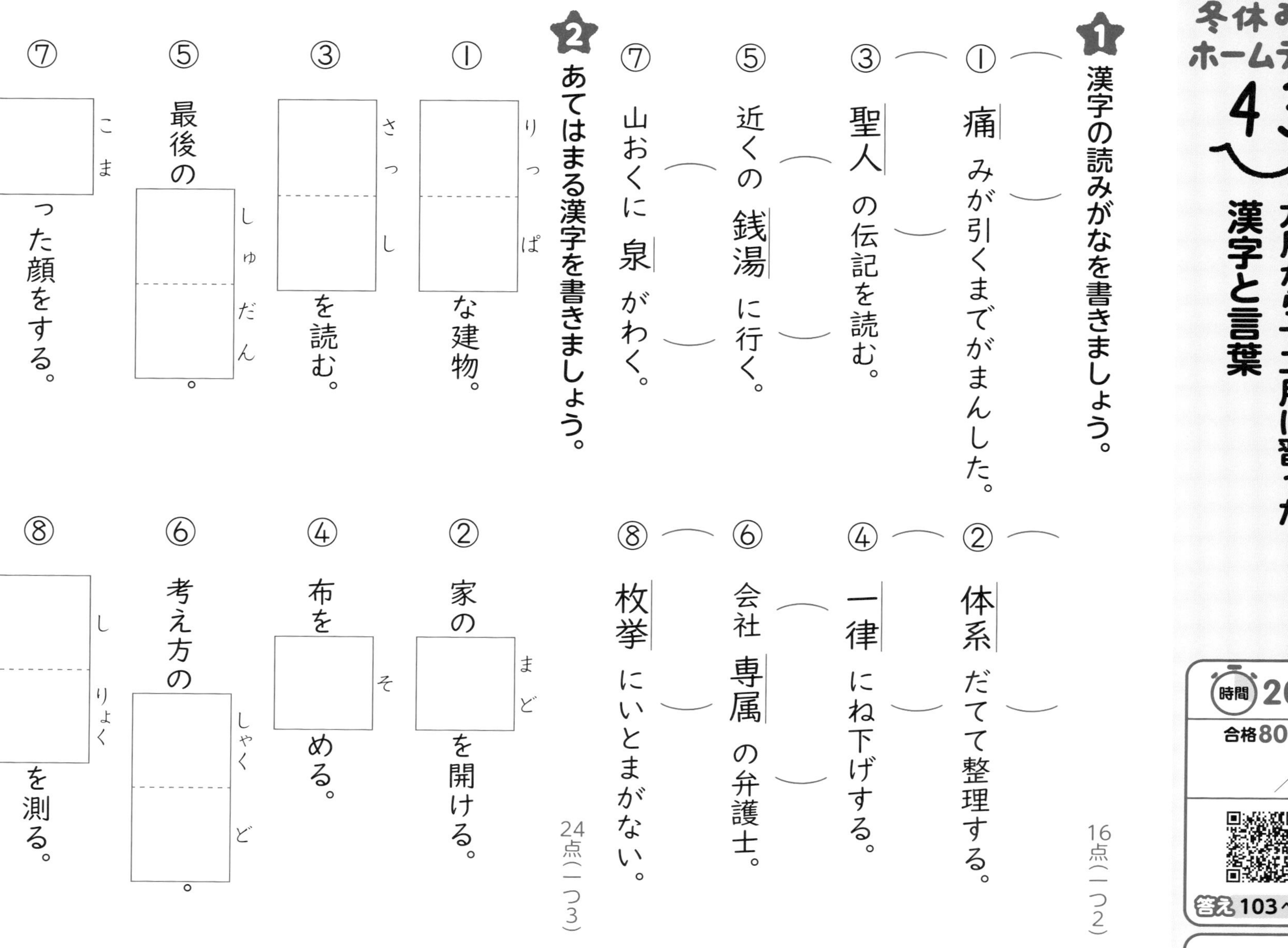

冬休みのホームテスト

43. 九月から十二月に習った漢字と言葉

時間 20分　合格80点　／100

サクッとこたえあわせ

答え 103ページ

月　日

1 漢字の読みがなを書きましょう。 16点（一つ2）

① 痛（　）みが引くまでがまんした。

② 体系（　）だてて整理する。

③ 聖人（　）の伝記を読む。

④ 一律（　）にね下げする。

⑤ 近くの銭湯（　）に行く。

⑥ 会社専属（　）の弁護士。

⑦ 山おくに泉（　）がわく。

⑧ 枚挙（　）にいとまがない。

2 あてはまる漢字を書きましょう。 24点（一つ3）

① □□（りっぱ）な建物。

② 家の□（まど）を開ける。

③ □□（さっし）を読む。

④ 布を□（そ）める。

⑤ 最後の□□（しゅだん）。

⑥ 考え方の□□（しゃくど）。

⑦ □（こま）った顔をする。

⑧ □□（しりょく）を測る。

裏のページに続くよ！

3 次の熟語と組み合わせが同じものをあとから選んで、記号で書きましょう。

16点（一つ4）

① 温暖（　　）　② 開閉（　　）

③ 車窓（　　）　④ 整腸（　　）

ア 善悪　イ 作詞　ウ 温泉　エ 忠誠

4 次の文の――線の漢字を、正しく直して書きましょう。

20点（一つ4）

① 用事が住むと、まっすぐに家へ帰って休んだ。（　　）

② 駅の売店でよく売れているのはこの雑紙だ。（　　）

③ 今度の大会は強適ばかりがそろっている。（　　）

④ おじは、貿易の会社を作って成功を治めた。（　　）

⑤ 国語の時間に版に分かれて発表をした。（　　）

5 次の漢字の総画数を漢数字で書き、意味を表す部分の呼び名（部首名）をあとから選んで記号で書きましょう。

24点（一つ2）

① 頂（　　画・　　）　② 縮（　　画・　　）

③ 看（　　画・　　）　④ 延（　　画・　　）

⑤ 批（　　画・　　）　⑥ 胃（　　画・　　）

ア にく　イ いとへん　ウ おおざと　エ えんにょう

オ め　カ おおがい　キ てへん

きほんのドリル 44。 同じ訓をもつ漢字（1）

時間15分　合格80点　／100

答え104ページ

月　日

書いて覚えよう！

就（シュウ）　上にはねる　12画　教92ページ
就就就就就就就就就就就就
就（だいのまげあし）
就職（しゅうしょく）　就任（しゅうにん）　就業（しゅうぎょう）　就学（しゅうがく）

値（チ／ね）　つける　10画　教92ページ
値値値値値値値値値値
値（にんべん）
価値（かち）　平均値（へいきんち）　値段（ねだん）　値札（ねふだ）

憲（ケン）　「王」ではない　16画　教92ページ
憲憲憲憲憲憲憲憲憲憲憲憲憲憲憲憲
憲（こころ）
憲法学（けんぽうがく）　憲法記念日（けんぽうきねんび）　憲章（けんしょう）

納（ノウ／おさめる・おさまる）　はねる　10画　教92ページ
納納納納納納納納納納
納（いとへん）
納入（のうにゅう）　収納（しゅうのう）　品物を納める（しなもの　おさ）

盟（メイ）　はねる　13画　教93ページ
盟盟盟盟盟盟盟盟盟盟盟盟盟
盟（さら）
連盟（れんめい）　同盟（どうめい）　加盟（かめい）　盟約（めいやく）

1 読みがなを書きましょう。　28点（一つ4）

① 銀行に 就職（　　） する。
② 価値（　　） のある品物。
③ 値段（　　） を決める。
④ 憲法学（　　） の講義。
⑤ 料金を 納入（　　） する。
⑥ 品物を 納（　　） める。
⑦ 県のサッカー 連盟（　　）。

← 裏のページに続くよ！

❷ あてはまる漢字を書きましょう。

72点（一つ9）

① おじは、新会社の社長に［しゅうにん］した。

② 過去の降水量の［へいきんち］を求める。

③ 在庫の商品を［ねふだ］より安く売る。

④ ［けんぽうきねんび］の行事が行われる。

⑤ 児童［けんしょう］は一九五一年に制定された。

⑥ 音楽教室の先生に、今月分の月謝を［おさ］める。

⑦ たんすに洋服を［しゅうのう］する。

⑧ 世界の国々と［どうめい］を結ぶ。

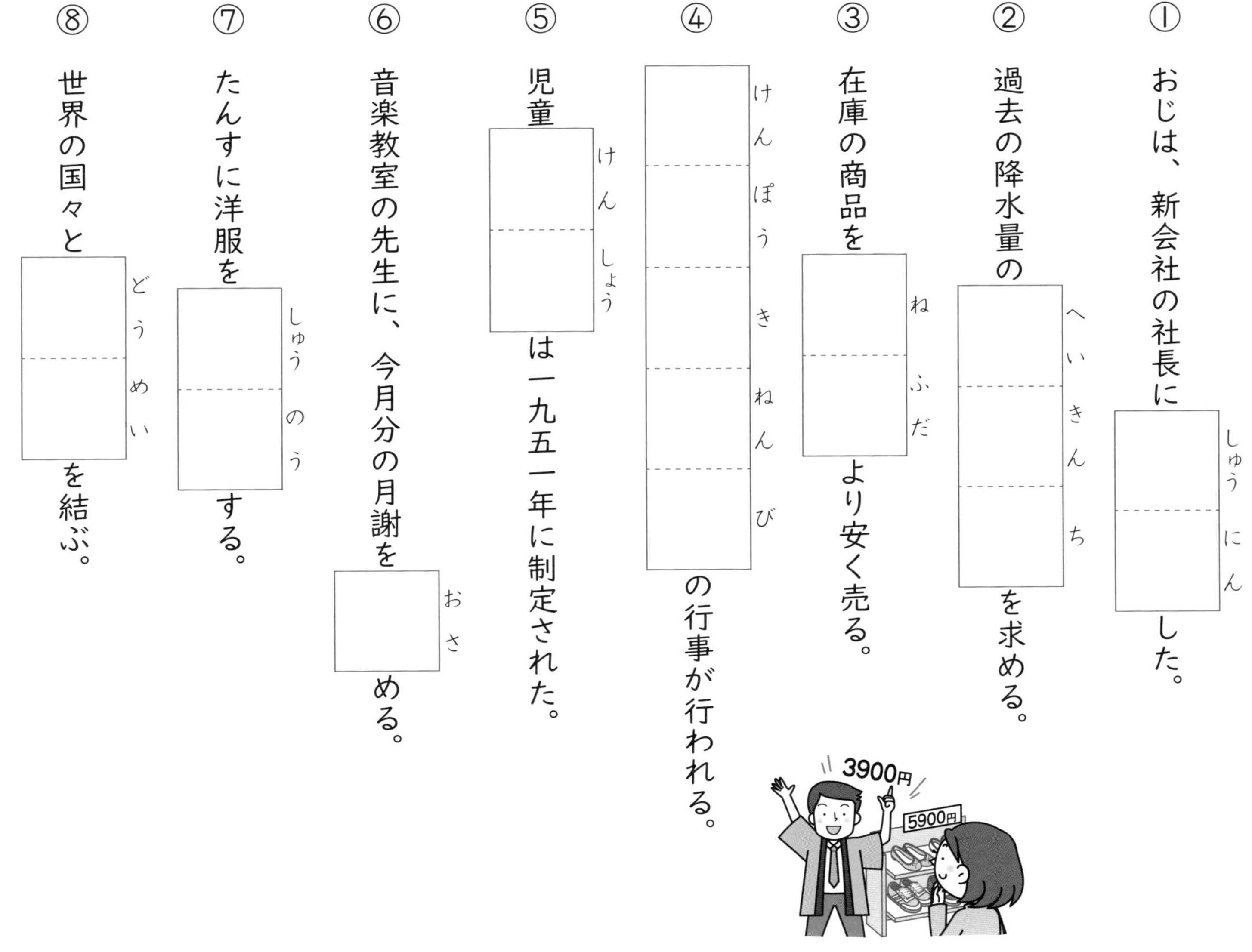

ヒント ❷ ⑥「おさめる」は、「治める」「修める」などと使い分けられるようにしましょう。

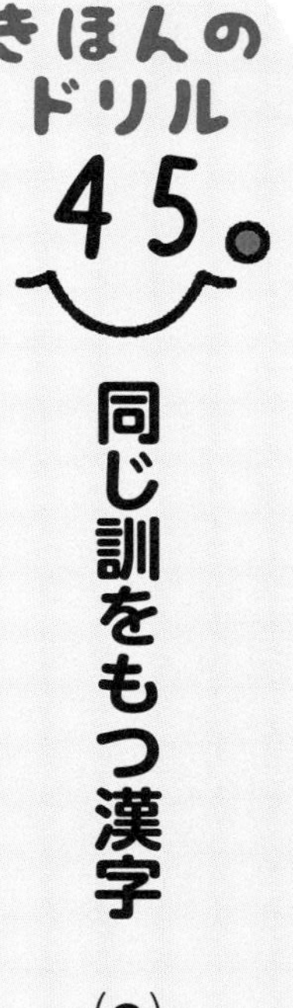

きほんのドリル 45。

同じ訓をもつ漢字 (2)

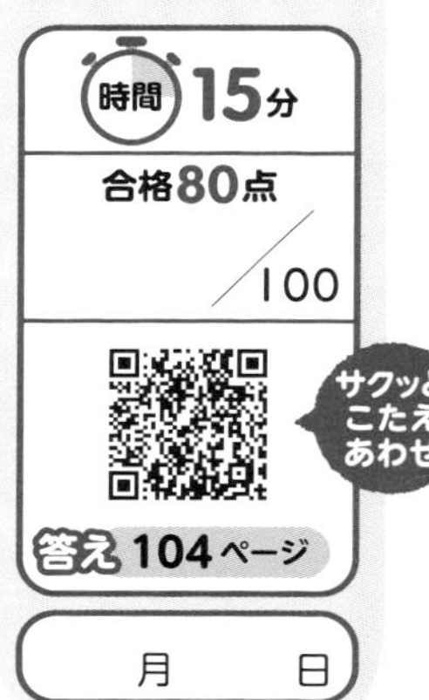

時間 15分　合格80点　/100

答え 104ページ

サクッとこたえあわせ

月　日

書いて覚えよう！

教93ページ
革　カク　つける
9画　革革革革革革革革革
改革（かいかく）　革命（かくめい）　皮革（ひかく）　変革（へんかく）
革（かくのかわ・つくりがわ）

教93ページ
揮　キ　長く
12画　揮揮揮揮揮揮揮揮揮揮揮揮
指揮者（しきしゃ）　発揮（はっき）　揮発（きはつ）
揮（てへん）

教93ページ
卵　たまご　はねる
7画　卵卵卵卵卵卵卵
卵（たまご）を産（う）む　生卵（なまたまご）　卵焼（たまごや）き
卵（わりふ・ふしづくり）

教93ページ
寸　スン　はねる
3画　寸寸寸
寸法（すんぽう）　寸断（すんだん）　寸前（すんぜん）　原寸（げんすん）
寸（すん）

教93ページ
鋼　コウ　はねる
16画　鋼鋼鋼鋼鋼鋼鋼鋼鋼鋼鋼鋼鋼鋼鋼鋼
鋼材（こうざい）　鉄鋼業（てっこうぎょう）　鋼鉄（こうてつ）
鋼（かねへん）

1 読みがなを書きましょう。
28点（一つ4）

① 制度を 改革（　　） する。
② 革命（　　） が起こる。
③ 楽団の 指揮者（　　） 。
④ 小鳥が 卵（　　） を産む。
⑤ 着物の 寸法（　　） を測る。
⑥ 道路が 寸断（　　） される。
⑦ 鋼材（　　） を輸入する。

教科書 下92～93ページ

← 裏のページに続くよ！

2 あてはまる漢字を書きましょう。

72点（一つ9）

① この会社は、かばんなどの［ひかく］製品を作っている。

② 古い制度を［へんかく］する。

③ 今日の試合は、実力を［はっき］することができた。

④ ［なまたまご］をかきまぜて料理に使う。

⑤ ゴール［すんぜん］で、先頭の走者を追いぬく。

⑥ 書類を［げんすん］でコピーする。

⑦ ［てっこうぎょう］のさかんな市。

⑧ 城門は、［こうてつ］のとびらで閉（と）ざされていた。

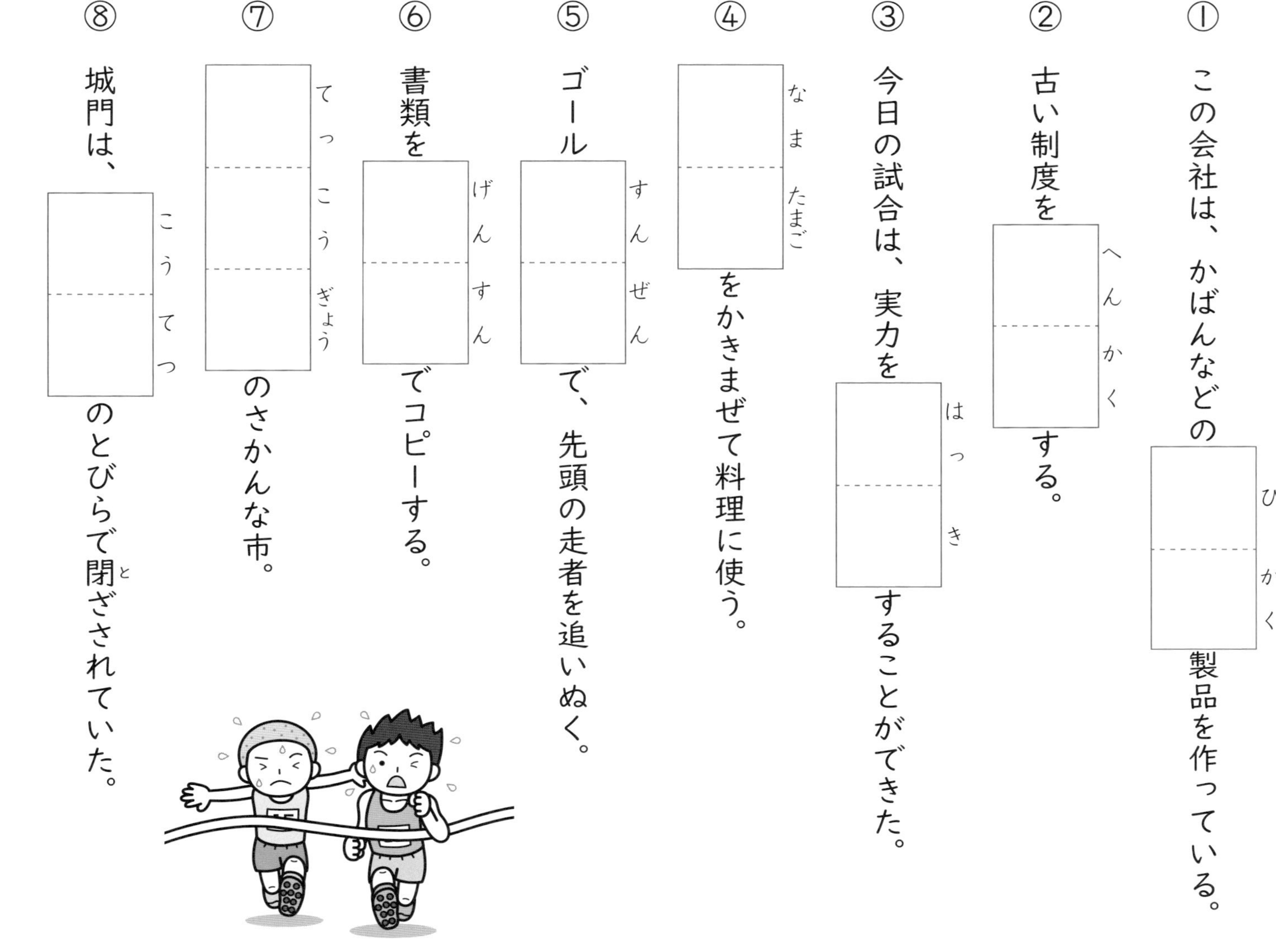

ヒント ② ⑦「こう」は、「エ」とはちがう字を書きましょう。

きほんのドリル 46。

同じ訓をもつ漢字（3）
津田梅子（1）

時間 15分　合格80点　／100

サクッとこたえあわせ
答え 104ページ

月　日

教科書 下92～113ページ

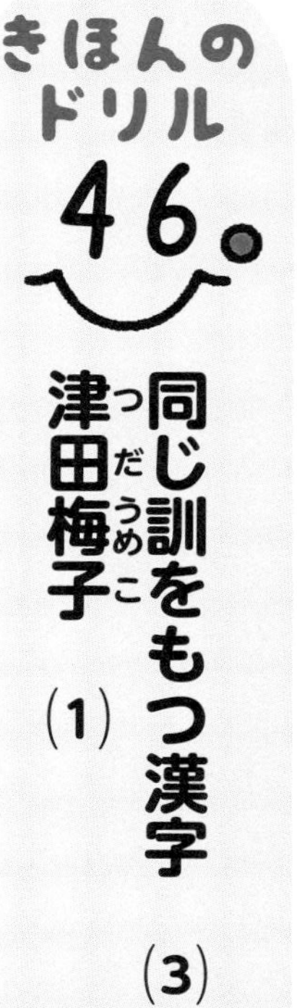

書いて覚えよう！

教 93ページ

供　キョウ　そなえる　とも　（長く）
8画　供供供供供供供供
提供（ていきょう）　花を供える（はなをそなえる）　お供（おとも）
にんべん

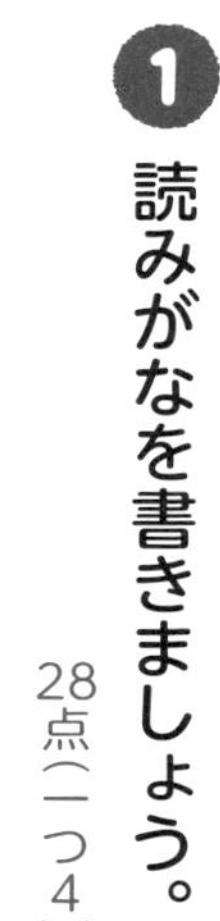

教 96ページ

幕　マク　バク　（長く）
13画　幕幕幕幕幕幕幕幕幕幕幕幕幕
幕府（ばくふ）　幕末（ばくまつ）　開幕（かいまく）　暗幕（あんまく）
はば

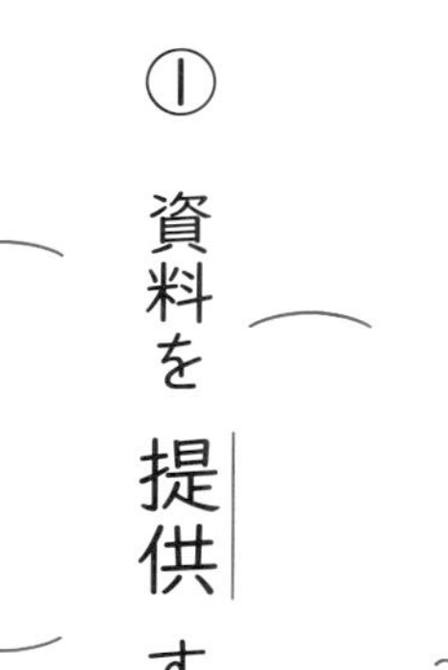

教 96ページ

訳　ヤク　わけ　（はらう）
11画　訳訳訳訳訳訳訳訳訳訳訳
通訳（つうやく）　訳す（やくす）　訳を言う（わけをいう）　内訳（うちわけ）
ごんべん

教 99ページ

机　つくえ　（とめる）
6画　机机机机机机
机の上（つくえのうえ）　机を動かす（つくえをうごかす）　勉強机（べんきょうづくえ）
きへん

教 106ページ

翌　ヨク　（はねる）
11画　翌翌翌翌翌翌翌翌翌翌翌
翌年（よくねん・よくとし）　翌日（よくじつ）　翌朝（よくちょう・よくあさ）　翌週（よくしゅう）
はね

1 読みがなを書きましょう。　28点（一つ4）

① 資料を 提供 する。（　　）

② 江戸（えど） 幕府。（　　）

③ 大会が 開幕 する。（　　）

④ 通訳 の仕事。（　　）

⑤ おくれた 訳 を言う。（　　）

⑥ 机 の上を整理する。（　　）

⑦ 翌年 のできごと。（　　）

← 裏のページに続くよ！

❷ あてはまる漢字を書きましょう。

72点（一つ9）

① 墓前に果物を［そな］える。

② 母のお［とも］をしてスーパーに行く。

③ ［ばくまつ］に活やくした武士の物語を読む。

④ ［あんまく］を引いて部屋をくらくする。

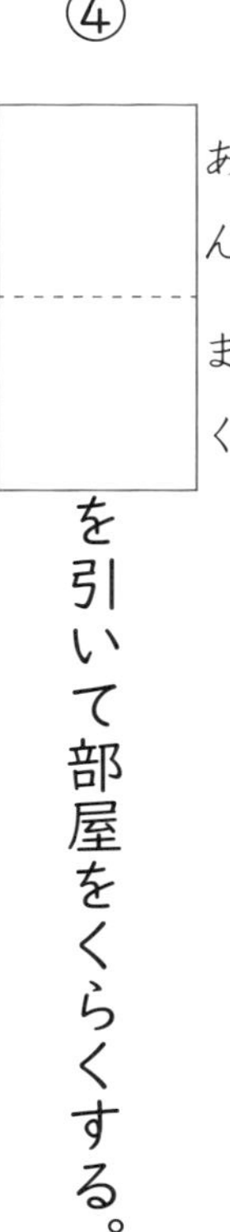

⑤ 外国語の文章を日本語に［やく］す。

⑥ ［つくえ］の周りのそうじをする。

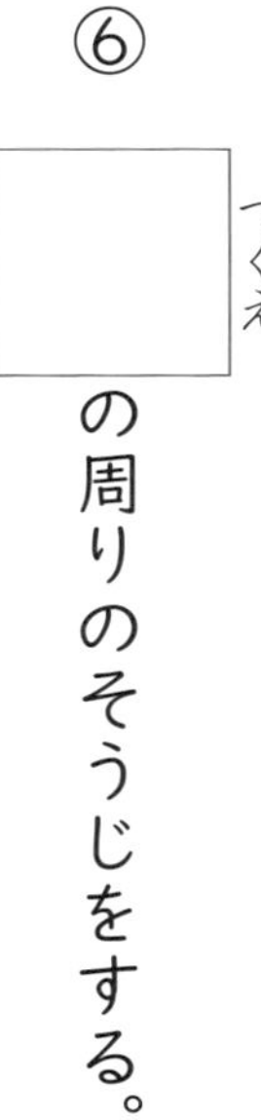

⑦ 新しい［べんきょうづくえ］を買ってもらう。

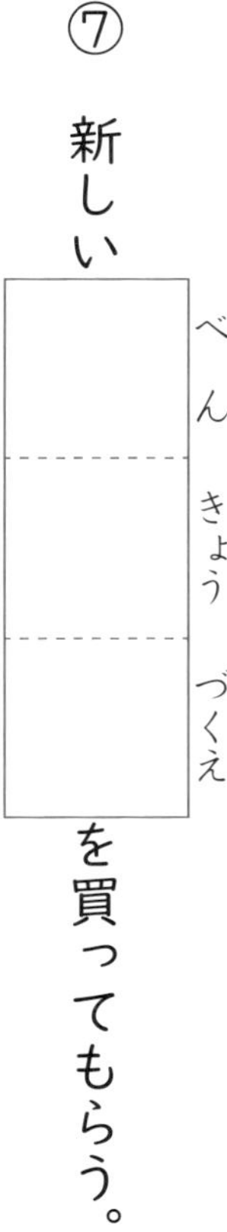

⑧ ［よくじつ］の天気予報をラジオで聞く。

ヒント ❷ ⑥・⑦「つくえ」「づくえ」の6画目は一画で書くことに注意しましょう。

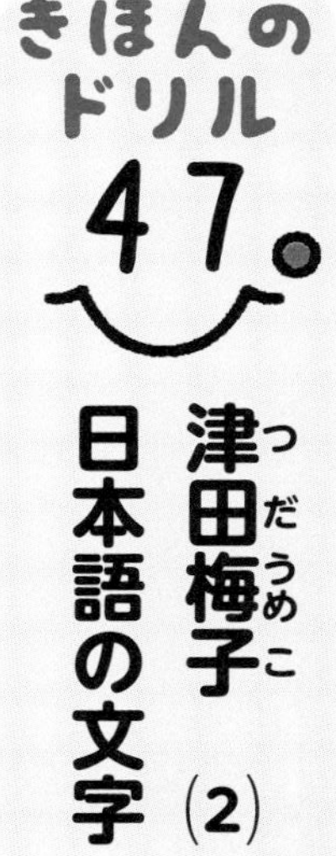

きほんのドリル 47.

津田梅子(つだうめこ) 日本語の文字 (2)

時間 15分　合格80点　/100

答え 104ページ

月　日

書いて覚えよう！

教 112ページ
認（みとめる）はねる
14画
努力(どりょく)を認(みと)める　敗因(はいいん)を認(みと)める
ごんべん

教 112ページ
潮（チョウ／しお）とめる
15画
潮流(ちょうりゅう)　最高潮(さいこうちょう)　潮風(しおかぜ)　引(ひ)き潮(しお)
さんずい

教 112ページ
障（ショウ）長く
14画
保障(ほしょう)　故障(こしょう)　支障(ししょう)
こざとへん

教 116ページ
宝（ホウ／たから）忘れずに
8画
宝石(ほうせき)　国宝(こくほう)　宝物(たからもの)　家(いえ)の宝(たから)
うかんむり

教 119ページ
著（チョ）つける
11画
著名(ちょめい)　著者(ちょしゃ)　著作権(ちょさくけん)
くさかんむり

1 読みがなを書きましょう。
28点(一つ4)

① 努力を 認 める。（　）

② 時代の 潮流 に乗る。（　）

③ ここちよい 潮風 。（　）

④ 安全を 保障 する。（　）

⑤ 美しい 宝石 。（　）

⑥ 家の 宝 として伝わる。（　）

⑦ 著名 な作曲家。（　）

裏のページに続くよ！

教科書 下 95～119ページ

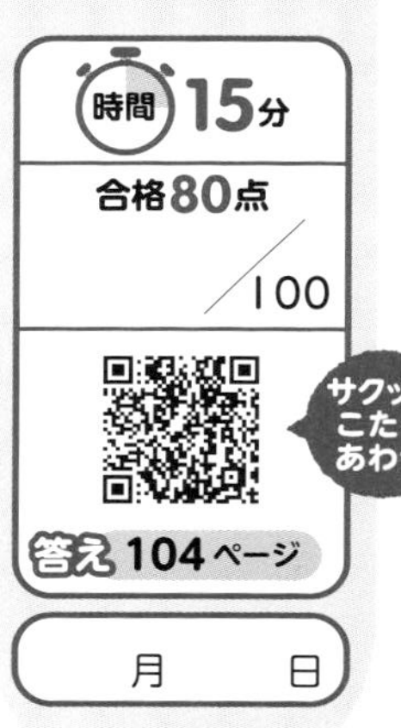

2 あてはまる漢字を書きましょう。

72点（一つ9）

① 負けたときは、敗因を［みと］めることが大切だ。

② ぼくらの喜びは［さいこうちょう］に達した。

③ 船は引き［しお］に乗って港を出ていった。

④ ［こしょう］した車を修理に出す。

⑤ 台風で鉄道に［ししょう］が生じた。

⑥ この思い出は一生の［たからもの］になるだろう。

⑦ 修学旅行で［こくほう］の仏像を見る。

⑧ 大好きな本の［ちょしゃ］に、サインをしてもらう。

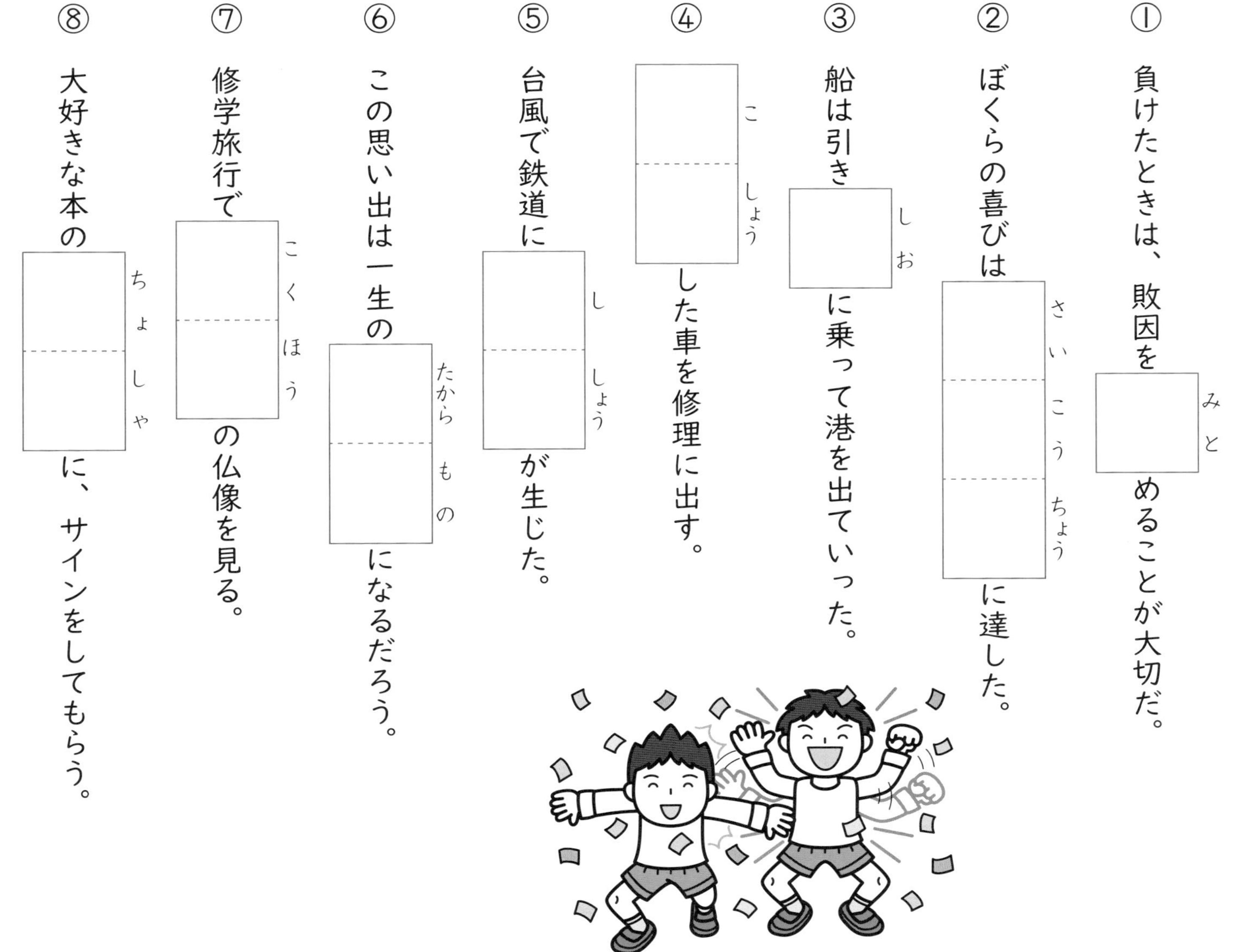

ヒント 2 ⑥・⑦「たから」「ほう」の「宝」を「玉」としないように注意しましょう。

きほんのドリル 48

さまざまな読み方
特別な読み方の言葉

時間15分　合格80点　／100

答え104ページ

月　日

書いて覚えよう！

従（教120ページ）　ジュウ　したがう　したがえる　（つける）　10画
- 従者（じゅうしゃ）
- 従業員（じゅうぎょういん）
- 指示に従う（しじにしたがう）
- 従（ぎょうにんべん）

劇（教120ページ）　ゲキ　（この形に注意）　15画
- 劇を見る（げきをみる）
- 劇場（げきじょう）
- 劇団（げきだん）
- 刂（りっとう）

乳（教120ページ）　ニュウ　ちち　（上にはねる）　8画
- 牛乳（ぎゅうにゅう）
- 乳しぼり（ちちしぼり）
- 乳製品（にゅうせいひん）
- 牛の乳（うしのちち）
- 乚（おつ）

朗（教120ページ）　ロウ　（はねる）　10画
- 朗読（ろうどく）
- 明朗（めいろう）
- 朗報（ろうほう）
- 晴朗（せいろう）
- 月（つき）

覧（教120ページ）　ラン　（上にはねる）　17画
- 一覧表（いちらんひょう）
- 回覧板（かいらんばん）
- 観覧車（かんらんしゃ）
- 見（みる）

読んで覚えよう！

●…特別な読み方をする漢字

教122ページ	教122ページ	教122ページ
博士（はかせ）	下手（へた）	迷子（まいご）
真っ青（まっさお）	眼鏡（めがね）	

1 読みがなを書きましょう。　20点（一つ4）

① 王様の 従者 。（　　）

② 楽しい 劇 を見る。（　　）

③ 牛乳 を飲む。（　　）

④ 物知り 博士 の父。（　　）

⑤ 下手 の横好き。（　　）

← 裏のページに続くよ！

教科書 下 120～122ページ

2 あてはまる漢字を書きましょう。（⑦は、漢字とひらがなで書きましょう。）

80点（一つ10）

① すなおに先生の指導に［したが］う。

② 新しい［げきじょう］は、大きくてきれいだという評判だ。

③ 牧じょうで牛の［ちち］をしぼる。

④ 友達の前で詩を［ろうどく］する。

⑤ 巻末の漢字の［いちらんひょう］で調べる。

⑥ 会じょうが広すぎて、［まいご］になりそうだ。

⑦ ［まっさお］な空に、雲が一つうかんでいる。

⑧ 父は最近、愛用の［めがね］を買いかえた。

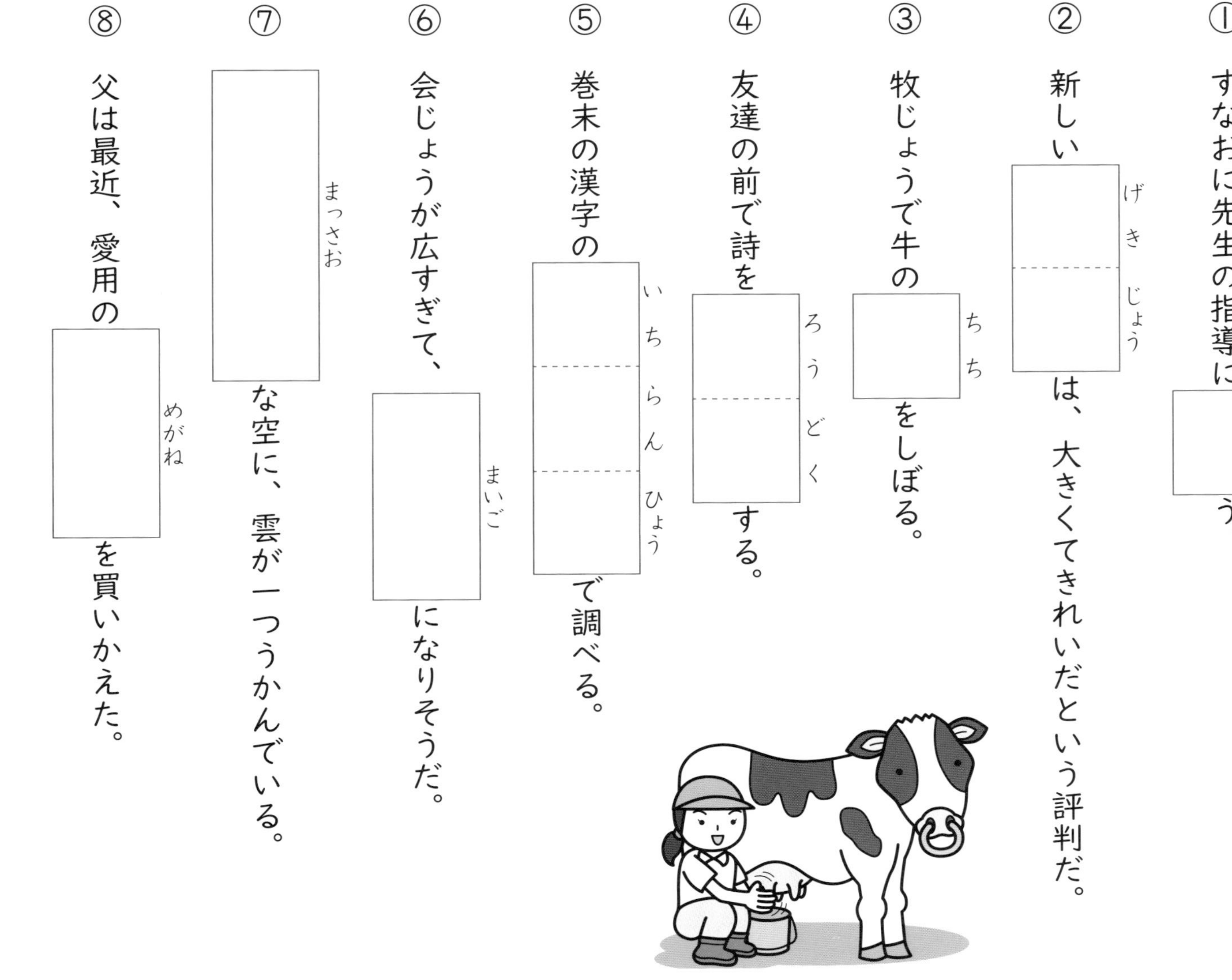

ヒント ❷ ⑤「らん」の「見」の部分を、「貝」と書かないように注意しましょう。

学年末のホームテスト

49. 六年生で習った漢字と言葉

時間 20分　合格80点　／100

答え104ページ

月　日

1 次の言葉の読み方として正しいものを選び、記号で答えましょう。　8点（一つ2）

① 乱す【ア　はなす　イ　おす　ウ　みだす】（　）

② 除く【ア　ふく　イ　のぞく　ウ　きずく】（　）

③ 並ぶ【ア　ならぶ　イ　とぶ　ウ　よぶ】（　）

④ 盛る【ア　よる　イ　もる　ウ　はる】（　）

2 次の例文に合うように、□に入る同じ音読みの漢字を書きましょう。　24点（一つ3）

シ
① □急の注文。
② よい□勢。
③ □力の測定。
④ 歌□を書く。

ソウ
⑤ 同□会
⑥ 地□の調査。
⑦ マスクを□着。
⑧ 機械を□作。

3 次の□にあてはまる漢字を〔　〕から選び、三字熟語を完成させましょう。　18点（一つ3）

① □成熟　② □責任　③ □誠実

④ □常勤　⑤ 根源□　⑥ 温暖□

〔不　無　非　未　権　系　化　的〕

裏のページに続くよ！

4 次の言葉と反対の意味の言葉を［　］から選び、漢字に直して書きましょう。 18点（一つ3）

① 満潮↔（　　）　② 実物↔（　　）

③ 複雑↔（　　）　④ 冷静↔（　　）

⑤ 容易↔（　　）　⑥ 拡大↔（　　）

モケイ　タンジュン　シュクショウ　コウフン　カンチョウ　コンナン

5 ――の漢字の読みがなを書きましょう。 20点（一つ2）

① 敬語を使う。（　　）
② 先生を敬う。（　　）

③ 幼児（　　）
④ 幼い弟。（　　）

⑤ 巻末の付録。（　　）
⑥ 毛糸を巻く。（　　）
⑦ 巻物を読む。（　　）

⑧ 背景（　　）
⑨ 背中（　　）
⑩ 背比べ（　　）

6 次の例文にあてはまる熟語を書きましょう。 12点（一つ3）

ア ナイゾウの検査。
イ 電池をナイゾウする。

ウ 天地ソウゾウ
エ 将来をソウゾウする。

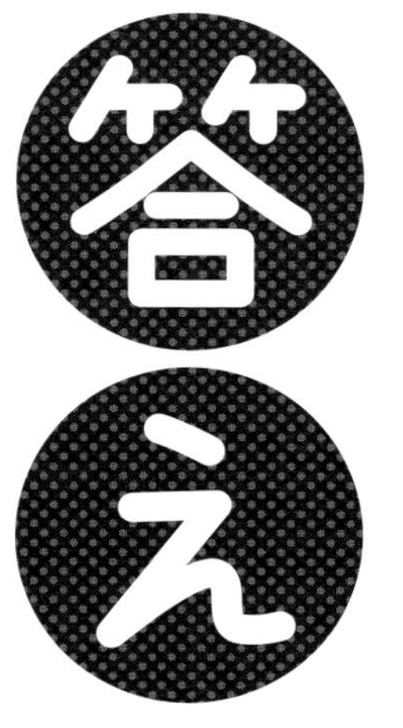

答え

1. 漢字の復習　1～2ページ

1 ①しんぷ　②さんみ　③ささ　④りゃくず
⑤げんいん　⑥ぼうさい　⑦ことわ
⑧けんしょう

2 ①調査　②混雑　③条件　④減らす
⑤燃える　⑥似顔絵　⑦余る　⑧規則

3 ①きんし　②きこう　③にゅうきょ
④きょか　⑤かこう　⑥おおぜい　⑦けわ
⑧ぎゃくてん　⑨こうぶつ　⑩かのうせい

4 ①保護　②県境　③肥料　④改築　⑤耕す
⑥往路　⑦留める　⑧感謝

2. きほんのドリル　3～4ページ

1 ①はいけい　②せすじ　③きんにく
④ようちゅう　⑤おさな　⑥うらやま
⑦ふる

2 ①背筋　②背後　③背比　④鉄筋　⑤幼
⑥裏側　⑦奮　⑧興奮

3. きほんのドリル　5～6ページ

1 ①じしゃく　②ふ　③お　④ゆうぐ
⑤はい　⑥かんだんけい　⑦あたた

2 ①磁力　②降　③乗降客　④降　⑤暮
⑥灰　⑦暖　⑧温暖化

考え方

2 ①「磁」の右側の部分を「糸」と書きまちがえやすいので注意しましょう。

4. きほんのドリル　7～8ページ

1 ①してつ　②わたし(わたくし)
③しょうらい　④じゅくご　⑤なみきみち
⑥なら　⑦しょもんだい

2 ①私　②主将　③未熟　④熟読　⑤並
⑥並　⑦諸国　⑧諸説

●ドリルやホームテストが終わったら、答え合わせをしましょう。
●まちがっていたら、かならずもう一度やり直しましょう。**考え方**も読み直しましょう。

考え方

1 ⑤「なみきみち（並木道）」のときは「並み木道」とは書かないので注意しましょう。

5. きほんのドリル　9～10ページ

1 ①ききんぞく　②きちょうひん　③ぼう
④えんそうかい　⑤がっそう
⑥でんしゃちん　⑦ちゅうかんそう

2 ①貴族　②鉄棒　③綿棒　④独奏　⑤賃金
⑥運賃　⑦断層　⑧地層

6. きほんのドリル　11～12ページ

1 ①じこしゅちょう　②いっしんいったい
③しりぞ　④ゆうびんぶつ
⑤せかいいさん　⑥しょり　⑦しょち

2 ①利己的　②退場　③退　④郵送　⑤遺業
⑥遺作　⑦処分　⑧対処

7. きほんのドリル　13～14ページ

1 ①じょうき　②たいさく　③ほうさく
④だいこんらん　⑤みだ　⑥だいきぼ
⑦にゅうじょうけん

2 ①蒸発　②水蒸気　③散策　④政策
⑤乱立　⑥規模　⑦模様　⑧回数券

8. まとめのドリル　15～16ページ

1 ①せすじ　②じしゃく　③はい
④こうふん　⑤じゅくご　⑥しょうらい
⑦じょうしゃけん・こんらん
⑧だいきぼ・げすいしょり
⑨おさな・えんそう

2 ①暖かく　②私　③退場　④夕暮れ
⑤乗降客　⑥遺産・対策　⑦貴金属・並ぶ
⑧郵便物・運賃　⑨地層・蒸気

考え方

1 ①「はいきん」と読む場合もあります。

9 きほんのドリル 17～18ページ

1 ①たて ②いじょう ③きき ④そんざい ⑤ぞんぶん ⑥じょせつ ⑦のぞ

2 ①縦笛 ②縦断 ③異質 ④異 ⑤危険 ⑥危 ⑦存続 ⑧除外

10 きほんのドリル 19～20ページ

1 ①れいぞうこ ②どぞう ③とうぶん ④ちいき ⑤こ ⑥よ ⑦しゅのう

2 ①貯蔵 ②蔵書 ③製糖(精糖) ④区域 ⑤領域 ⑥呼 ⑦点呼 ⑧頭脳

11 きほんのドリル 21～22ページ

1 ①にわり ②わ ③す ④かくだい ⑤せんげん ⑥せんでん ⑦きょうど

2 ①割 ②割 ③捨 ④四捨五入 ⑤拡張 ⑥拡散 ⑦宣告 ⑧故郷

考え方

1 ①・②同じように「わり」と読んでも、①二割 ②割り算のように、送りがながつく場合とつかない場合があります。

2 ⑧「郷」の「良」の部分は「良」ではありません。

12 きほんのドリル 23～24ページ

1 ①ほじょ ②おぎな ③てんのうへいか ④おうじ ⑤こうごう ⑥とうしゅ ⑦せいとう

2 ①補欠 ②補 ③天皇 ④皇居 ⑤陛下 ⑥皇后 ⑦野党 ⑧党員

13 きほんのドリル 25～26ページ

1 ①たんじゅん ②じゅんじょう ③さんけん ④じっけん ⑤こうこう ⑥きび ⑦きず

2 ①純白 ②純真 ③権利 ④権限 ⑤親孝行 ⑥厳 ⑦傷 ⑧負傷

14 まとめのドリル 27～28ページ

1 ①しゅのう ②ちいき ③じゅんじょう ④てんのうへいか ⑤こうごう ⑥おやこうこう ⑦きけん・じょがい ⑧きず・さんわり ⑨ほけつ・こきょう

2 ①厳しい ②宣言 ③糖分 ④捨てられた ⑤存在 ⑥党首・呼びかける ⑦権限・拡大 ⑧冷蔵庫・保存 ⑨縦・異なる

考え方

2 ⑨「異」の「田」の部分を「日」と書きまちがえやすいので注意しましょう。

15 きほんのドリル 29～30ページ

1 ①ろんだい ②じょろん ③とうろん ④なん ⑤むずか ⑥かんけつ ⑦かんたん

2 ①議論 ②結論 ③検討 ④討議 ⑤難問 ⑥難 ⑦簡略 ⑧簡易

16 きほんのドリル 31～32ページ

1 ①はいく ②すいちょく ③あまだ ④ごげん ⑤みなもと ⑥しせい ⑦すがた

2 ①俳人 ②垂 ③垂線 ④資源 ⑤電源 ⑥源 ⑦姿 ⑧容姿

17 きほんのドリル 33～34ページ

1 ①うんしん ②はりしごと ③しんようじゅ ④よきん ⑤あず ⑥けいさつしょ ⑦しょめい

2 ①針金 ②方針 ③樹木 ④預 ⑤預貯金 ⑥警告 ⑦警報 ⑧消防署

18 きほんのドリル 35～36ページ

1 ①きんむ ②つと ③われわれ ④そうさ ⑤さいだん ⑥さば ⑦りんじ

2 ①通勤 ②勤 ③我 ④体操 ⑤操業 ⑥裁判所 ⑦裁 ⑧君臨

19 きほんのドリル 37～38ページ

1 ①わかば ②あら ③えいが ④うつ ⑤かたいっぽう ⑥じょうかん ⑦ま

2 ①若 ②洗 ③洗面器 ④映 ⑤映像 ⑥片方 ⑦巻 ⑧巻末

考え方

2 ④同じ訓の字に注意しましょう。
・映す……スクリーンなどに画像が見えるようにする。
・移す……ある物を別の場所に置く。
・写す……文字などをほかに書き写す。

20 きほんのドリル 39～40ページ

1 ①さてつ ②すな ③あなぐら ④たんけん ⑤さが ⑥ばん ⑦ほ

2 ①砂時計 ②横穴 ③探 ④探知 ⑤今晩 ⑥毎晩 ⑦梅干 ⑧干害

21 きほんのドリル 41～42ページ

1 ①こくう ②し ③いた ④おん ⑤した ⑥した ⑦い

2 ①穀倉地帯 ②至急 ③至 ④恩返 ⑤舌 ⑥射 ⑦注射 ⑧発射

考え方

1 ①「こくう（穀雨）」は「四月二十日ごろに降る、穀物の成長を助ける雨」のことです。

2 ④「恩」の「因」の部分は「困」ではありません。

22 きほんのドリル 43～44ページ

1 ①ざ ②せいざ ③よく ④しょくよく ⑤とど ⑥ほうもん ⑦たず

2 ①座席 ②星座 ③欲 ④意欲 ⑤届 ⑥届 ⑦訪 ⑧来訪

23 夏休みのホームテスト 45～46ページ

★1 ①ひぐ ②とうしゅ ③せんがん ④たて ⑤えんそう ⑥らんざつ ⑦おぎな ⑧あな

★2 ①磁石 ②棒 ③貴重 ④規模 ⑤貯蔵 ⑥樹木 ⑦晩 ⑧舌

★3 ①阝・ウ ②リ・エ ③扌・ア ④⺮・イ

★4 ①映 ②蒸 ③将 ④論 ⑤欲 ⑥除 ⑦域 ⑧純

★5 ①危 ②孝 ③退 ④討

おうちの方へ

★5のような同音異義語（同じ音読みの漢字で意味の違う熟語）の問題は、テストでもよく出題されます。教科書巻末の「新しく学んだ漢字」欄の漢字で問題を作らせてみましょう。

24 きほんのドリル 47～48ページ

1 ①さんぱん ②はん ③ずつう ④いた ⑤いた ⑥ふくそう ⑦かいそう

2 ①班長 ②班 ③痛 ④痛快 ⑤痛 ⑥痛 ⑦装置 ⑧仮装

25 きほんのドリル 49～50ページ

1 ①してん ②しせん ③うちゅうひこうし ④ちゅうがえ ⑤ごかい ⑥ごさ ⑦あやま

2 ①視力 ②視野 ③宇宙船 ④宙 ⑤誤字 ⑥正誤表 ⑦誤 ⑧誤

26 きほんのドリル 51～52ページ

1 ①かいしゅう ②おさ ③さっすう ④さっし ⑤すいそく ⑥すいてい ⑦しゅだん

2 ①収集 ②収 ③別冊 ④冊子 ⑤推移 ⑥推理 ⑦段落 ⑧段差

27 きほんのドリル 53～54ページ

1 ①どうそうかい ②まど ③そ ④そ ⑤かんばん ⑥むね ⑦りっぱ

2 ①窓口 ②車窓 ③染 ④看病 ⑤胸 ⑥度胸 ⑦派出所 ⑧流派

考え方

2 ①・②「窓」の部首は「穴（あなかんむり）」で、「宀（うかんむり）」ではありません。

28. きほんのドリル 55～56ページ

1 ①てき ②くつぶく ③かんげき ④はげ ⑤いっせん ⑥こんく ⑦こま

2 ①無敵 ②腹 ③満腹 ④激増 ⑤激 ⑥銭湯 ⑦困 ⑧困難

考え方

2 ①「無敵」の「敵」を「適」と書かないようにしましょう。

・敵……無敵・敵前・敵地・敵視・強敵

・適……快適・適度・適応・適合・適当

29. きほんのドリル 57～58ページ

1 ①わす ②きぬおりもの ③どひょう ④こめだわら ⑤かぶぬし ⑥こっせつ ⑦はねやす

2 ①忘 ②絹糸 ③絹製品 ④二俵・炭俵 ⑤株式会社 ⑥株 ⑦背骨 ⑧鉄骨

30. きほんのドリル 59～60ページ

1 ①ようさんぎょう ②かいこ ③えんせん ④えんがん ⑤そ ⑥たく ⑦じゅうたく

2 ①養蚕 ②蚕 ③沿海 ④沿道 ⑤沿 ⑥帰宅 ⑦在宅 ⑧宅地

31. まとめのドリル 61～62ページ

1 ①かいこ ②くさきぞ ③こま ④かぶ ⑤こめだわら ⑥はん ⑦すいり・さっすう ⑧せんとう・わす ⑨えんせん・じゅうたく

2 ①服装 ②宇宙 ③絹 ④階段 ⑤痛快 ⑥窓・看板 ⑦強敵・胸 ⑧背骨・腹 ⑨立派・感激

32. きほんのドリル 63～64ページ

1 ①ぎもん ②うたが ③かいぜん ④よ ⑤せんもんか ⑥せんよう ⑦ないかくふ

2 ①質疑 ②疑 ③善悪 ④善 ⑤専念 ⑥専属 ⑦内閣 ⑧天守閣

考え方

1 ②「疑う」は送りがなをまちがえやすい漢字です。注意しましょう。

33. きほんのドリル 65～66ページ

1 ①たんしゅく ②さんちょう ③けんちょう ④にまい ⑤おんせん

2 ①圧縮 ②縮 ③頂・登頂 ④頂 ⑤庁舎 ⑥枚数 ⑦泉 ⑧清水・源泉

34. きほんのドリル 67～68ページ

1 ①ひひょう ②かし ③ざっし ④がっきゅうにっし ⑤そうかんごう ⑥つく ⑦ちゅう

2 ①批判 ②作詞 ③誌面 ④週刊誌 ⑤創作 ⑥創 ⑦忠告 ⑧忠実

考え方

2 ⑥同じ訓の字に注意しましょう。

・創る……それまでになかった新しいものを生み出す。

・作る……おもに小さなものをつくる。

・造る……機械などを使い大きなものをつくる。

35. きほんのドリル 69～70ページ

1 ①せいじつ ②えんちょう ③の ④の ⑤けいざい ⑥す ⑦こうよう

2 ①誠心誠意 ②延期 ③延 ④延 ⑤救済 ⑥済 ⑦紅白 ⑧口紅

36. まとめのドリル 71～72ページ

1 ①けんちょう ②げんせん ③ちぢ ④ちゅうせい ⑤かくぎ ⑥こうはく ⑦えんちょう・す ⑧かし・そうさく ⑨ざっし・ひひょう

2 ①枚数 ②疑問 ③延びる ④経済 ⑤圧縮 ⑥週刊誌・創刊 ⑦誠実・批判 ⑧善意・忠告 ⑨頂上・専念

考え方

2 1 ③「ちじ」はまちがいです。
⑥「週刊紙」はまちがいです。

37. きほんのドリル 73～74ページ

1 ①も ②ひみつ ③みつりん ④はってん ⑤ひてい

2 ①真面目 ②盛 ③神秘 ④過密 ⑤密接 ⑥展示 ⑦展開 ⑧可否

38. きほんのドリル 75～76ページ

1 ①ぼうめい ②こうぼう ③しゅうきょう ④けいとう ⑤じんぎ ⑥せいか ⑦せいしょ

2 ①死亡 ②改宗 ③太陽系 ④系列 ⑤仁術 ⑥仁愛 ⑦神聖 ⑧聖人

39. きほんのドリル 77～78ページ

1 ①しゃくど ②いっしゃく ③はいぞう ④しんぞう ⑤ほうりつ ⑥みんしゅう ⑦たいしゅう

2 ①尺八 ②尺 ③肺活量 ④臓器 ⑤調律 ⑥一律 ⑦観衆 ⑧公衆

考え方

2 ⑦・⑧「衆」には「多くの人々。人数が多い」という意味があります。

40. きほんのドリル 79～80ページ

1 ①い ②いちょう ③い ④だいちょう ⑤だんちょう ⑥たんじょうび ⑦こうたんさい

2 ①胃 ②胃薬 ③胃弱 ④胃液 ⑤小腸 ⑥生誕祭 ⑦誕生石 ⑧誕生祝

41. きほんのドリル 81～82ページ

1 ①けいい ②うやま ③たんにん ④へいかい ⑤と ⑥しょうち ⑦はいしゃく

2 ①敬語 ②担当 ③分担 ④閉店 ⑤閉 ⑥伝承 ⑦拝見 ⑧拝

考え方

1 ⑤「閉める」「閉じる」は送りがなのちがいで読み分けましょう。

2 ⑦・⑧「拝」の右側の部分の横画は四本です。

42. きほんのドリル 83～84ページ

1 ①そんけいご ②とうと(たっと) ③きざ ④ゆうしょう ⑤す

2 ①尊重 ②尊 ③深刻 ④刻 ⑤外 ⑥優先 ⑦吸 ⑧吸引

43. 冬休みのホームテスト 85～86ページ

☆1 ①いた ②たいけい ③せいじん ④いちりつ ⑤せんとう ⑥せんぞく ⑦いずみ ⑧まいきょ

☆2 ①立派 ②窓 ③冊子 ④染 ⑤手段 ⑥尺度 ⑦困 ⑧視力

☆3 ①エ ②ア ③ウ ④イ

☆4 ①済 ②誌 ③敵 ④収 ⑤班

☆5 ①十一・カ ②十七・イ ③九・オ ④八・エ ⑤七・キ ⑥九・ア

考え方

☆1 ⑧「いちいち挙げられないほど多い」という意味です。

☆2 ⑦「困」を「因」と書きまちがえないように注意しましょう。

おうちの方へ

☆3 熟語の組み立てを考えさせることが大切です。

① 同じような意味の漢字の組み合わせ。
温暖…温かい＝暖かい

② 反対や対になる漢字の組み合わせ。
開閉…開く↑↓閉める

③ 上の漢字が下を修飾する組み合わせ。
車窓…車の↓窓

④ 上の漢字が動作を表し、その対象を表す漢字が下に来る組み合わせ。
整腸…整える↑腸を

44 きほんのドリル　87〜88ページ

1 ①しゅうしょく　②かち　③ねだん　④けんぽうがく　⑤のうにゅう　⑥おさ　⑦れんめい

2 ①就任　②平均値　③値札　④憲法記念日　⑤憲章　⑥納　⑦収納　⑧同盟

考え方 2 ⑥同じ訓の字に注意しましょう。
・納める……お金や物などをわたす。しまう。
・治める……おだやかにする。病気をなおす。
・修める……学問などを身につける。
・収める……取り入れる。自分のものにする。

45 きほんのドリル　89〜90ページ

1 ①かいかく　②かくめい　③しきしゃ　④たまご　⑤すんぽう　⑥すんだん　⑦こうざい

2 ①皮革　②変革　③発揮　④生卵　⑤寸前　⑥原寸　⑦鉄鋼業　⑧鋼鉄

46 きほんのドリル　91〜92ページ

1 ①ていきょう　②ばくふ　③かいまく　④つうやく　⑤わけ　⑥つくえ　⑦よくねん(よくとし)

2 ①供　②供　③幕末　④暗幕　⑤訳　⑥机　⑦勉強机　⑧翌日

47 きほんのドリル　93〜94ページ

1 ①みと　②ちょうりゅう　③しおかぜ　④ほしょう　⑤ほうせき　⑥たから　⑦ちょめい

2 ①認　②最高潮　③潮　④故障　⑤支障　⑥宝物　⑦国宝　⑧著者

考え方 1 ②この場合の「ちょうりゅう（潮流）」は「世の中の移り変わり」という意味です。

48 きほんのドリル　95〜96ページ

1 ①じゅうしゃ　②げき　③ぎゅうにゅう　④はかせ　⑤へた

2 ①従　②劇場　③乳　④朗読　⑤一覧表　⑥迷子　⑦真っ青　⑧眼鏡

考え方 1 ⑤「下手だけど、好きで熱心である」ことのたとえです。

49 学年末のホームテスト　97〜98ページ

1 ①ウ　②イ　③ア　④イ

2 ①至　②姿　③視　④詞　⑤窓　⑥層　⑦装　⑧操

3 ①未　②無　③不　④非　⑤的　⑥化

4 ①干潮　②模型　③単純　④興奮　⑤困難　⑥縮小

5 ①けい　②うやま　③よう　④おさな　⑤かん　⑥ま　⑦まき　⑧はい　⑨せ　⑩せい

6 ア内臓　イ内蔵　ウ創造　エ想像

考え方 4 ⑥「縮少」と書きまちがえやすいので注意しましょう。

おうちの方へ 3 下の言葉の意味を打ち消す漢字「不・無・非・未」は、①未成熟　②無責任のように、つく漢字が決まっています。いろいろな問題に当たらせて、言語感覚を養うことが大切です。